ぐーんっとやさしく

◆登場キャラクター◆

ゴータ
見習い魔法使い。魔法の呪文に必要な英語を勉強中。

エイミー
ゴータと同じ見習い魔法使い。英語は少しだけできる。

師匠
見習いの2人の師匠。魔法も英語も使いこなす。

→ここから読もう！

本書の使い方

授業と一緒に

テスト前の学習や，授業の復習として使おう*!*

中学2・3年生は…

中学1年の復習に。苦手な部分をこれで解消*!!*

左の まとめページ と，右の 問題ページ で構成されています。

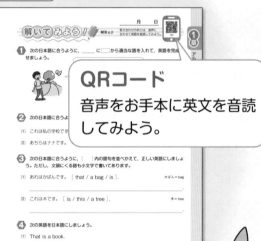

QRコード
音声をお手本に英文を音読してみよう。

要点整理
この単元で勉強することをまとめているよ。

確認テスト & 章末まとめ

章ごとに「確認テスト」があります。章末の「○章のまとめ」でその章で習ったことをバッチリ最終確認！

別冊解答 解答は本冊の縮小版になっています。

赤字で解答を入れているよ。

音声の再生方法

①スマートフォン・タブレットで手軽に再生
・見開きページに1つ，QR コードを掲載しています。
・紙面上の QR コードを読みとり，表示される URL にアクセスするだけで，手軽に音声を再生できます。

②無料音声再生アプリ［SigmaPlayer2］

お持ちのスマートフォンやタブレットにインストールすると，本書の問題や解答の英文の音声を聞くことができます。
通信使用料は別途必要です。

③音声ダウンロード
文英堂Webサイトより，音声ダウンロードも可能です。
下記 URL にアクセスし，「サポート」ページをご覧ください。
www.bun-eido.co.jp

1章 アルファベット・be動詞の文

まず3人が向かったのは，はじまりの丘。そこで虹色（にじ）の鳥に出会い，英語の基本を教わることに。エイミーとゴータはアルファベットに加えて，be動詞の種類，be動詞の文の作り方を学んでいく。無事に「アルファベット」や「be動詞の文」をマスターして，魔法（まほう）の羽ペンを手に入れることができるのか…？

アルファベット

アルファベットを覚えて，英文の基本ルールにも気をつけよう！

ここがカギ！　アルファベットは全部で**26文字**あり，それぞれに**大文字**と**小文字**があります。小文字にはbとd，pとqなどのように似た形があるので注意しましょう。

大文字

A B C D E F G H I J K L M
N O P Q R S T U V W X Y Z

文のはじめは必ず大文字だね！

Is Tom in Japan?

人名の最初は大文字！　地名の最初は大文字！

小文字

a b c d e f g h i j k l m
注意！

n o p q r s t u v w x y z
注意！

ここがカギ！　英語の文を書くときには，いくつかルールがあります。

Hello, I am Aki.

文の最後にはピリオドを忘れずに！

I「私は」はいつも大文字にするのじゃ！

疑問文ならクエスチョンマーク！

解答 p.2

月　　日

答え合わせのあとは，音声に
合わせて英語を音読してみよう。

101

1章

アルファベット・be動詞の文

❶　□に大文字のアルファベットを正しい順番で入れましょう。

A □ C □ □ F G H I □ □ L M

□ O P □ R S T □ V □ X Y □

❷　□に小文字のアルファベットを正しい順番で入れましょう。

□ b c □ e f □ h i □ k l □

n o □ q □ □ t u □ w x □ z

❸　大文字を小文字に，小文字を大文字にかえましょう。

B －　　　　　　E －　　　　　　Q －

d －　　　　　　i －　　　　　　r －

❹　次の日本語に合うように，（　　）内の語を適当な形にかえて，＿＿＿に書きましょう。

私は（ i ）ユミです。　＿＿＿＿＿ am Yumi.

① ② ③ ④ ⑤ ⑥ ⑦ ⑧

7

I am 〜. / You are 〜.

「私 [あなた] は〜です」

I am 〜と You are 〜を，それぞれセットで覚えよう！

ここが カギ！ 「〜です」にあたる am や are を **be 動詞**といいます。主語が I「私」のときは **am** を使いましょう。

I am 〜 ． （私は〜です。）
主語　動詞

I — am のペアじゃ！

ここが カギ！ 主語が you「あなた」のときは **are** を使いましょう。

You are 〜 ． （あなたは〜です。）
主語　動詞

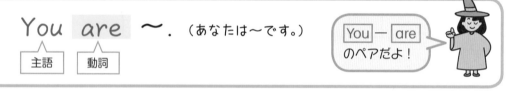
You — are のペアだよ！

ここが カギ！ I am と you are はそれぞれ，I'm や you're のように短くした形（短縮形）にすることができます。

I am Aki. （私はアキです。）
= I'm Aki.

主語と be 動詞をくっつけるのじゃ！

You are Kenta. （あなたはケンタです。）
= You're Kenta.

短縮形もしっかりチェックしておこう！

8

102

解いてみよう！

解答 p.2 　答え合わせのあとは，音声に合わせて英語を音読してみよう。

1 次の日本語に合うように，＿＿＿＿ に □ から適当な語を入れて，英語を完成させましょう。

(1) 私はアイコです。

I ＿＿＿＿＿ Aiko.

(2) あなたは生徒です。　　生徒＝student

You ＿＿＿＿＿ a student.

am　is　are　be

2 次の日本語に合うように，（　　）内から適当な語を選んで，○で囲みましょう。

(1) あなたは京都出身です。　You (am / are) from Kyoto.　　～出身の＝from

(2) 私は日本人です。　（ I / I'm ）Japanese.　　日本人の＝Japanese

3 次の日本語に合うように，［　　］内の語句を並べかえて，正しい英語にしましょう。ただし，文頭にくる語も小文字で書いてあります。

(1) 私は岡田誠です。　［ am / Okada Makoto / I ］.

＿＿＿＿＿＿＿＿＿＿＿＿＿＿＿＿＿＿＿＿＿＿＿＿＿＿＿＿ .

(2) あなたは私の友達です。　［ my friend / you / are ］.　　私の＝my　友達＝friend

＿＿＿＿＿＿＿＿＿＿＿＿＿＿＿＿＿＿＿＿＿＿＿＿＿＿＿＿ .

4 次の英語を日本語にしましょう。

(1) I am from Hokkaido.

［　　　　　　　　　　　　　　　　　　　　　　　　　　　　　　］

(2) You're a teacher.　　teacher＝先生

［　　　　　　　　　　　　　　　　　　　　　　　　　　　　　　］

「彼 [彼女] は〜です」

主語に合わせて be 動詞を使い分けよう！

ここがカギ！
主語が he「彼_{かれ}」や she「彼女_{かのじょ}」の場合には，be 動詞は is を使います。人の名前などの固有名詞も同じです。

主語が I, you の場合

I am 〜. / You are 〜.（私は〜です。／あなたは〜です。）

主語が he や she などの場合

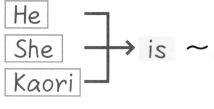

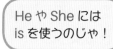 is 〜.

He や She には is を使うのじゃ！

（彼／彼女／カオリは〜です。）

ここがカギ！
また，前回学んだ I'm や you're のように，**he is** は he's，**she is** は she's と短くした形（短縮形）にすることもできます。

She is Mary.（彼女はメアリーです。）
= She's Mary.

He is in Japan.（彼は日本にいます。）
= He's in Japan.

in が入ると「〜にいます」ともいえるんだね！

ニホン
ダイスーキ

解いてみよう！

1 次の日本語に合うように，_____ に □ から適当な語を入れて，英語を完成させましょう。

> (1) 彼女はアヤです。
>
> _____ is Aya.
>
> (2) アヤは先生です。　先生＝teacher
>
> Aya _____ a teacher.

| He | She | is | are |

2 次の日本語に合うように，（　　）内から適当な語を選んで，○で囲みましょう。

(1) 彼女は生徒です。（ He / She ）is a student.　　　生徒＝student

(2) 彼はジョンです。　He（ am / is ）John.

(3) 彼女は加藤さんです。（ She's / She ）Ms. Kato.（女性の姓の前で）～さん＝Ms.

3 次の日本語に合うように，[　　]内の語句を並べかえて，正しい英語にしましょう。ただし，文頭にくる語も小文字で書いてあります。

(1) 彼女は野球ファンです。[she / a baseball fan / is].　　　ファン＝fan

_____.

(2) ダイスケは大阪にいます。[is / in Osaka / Daisuke].　　　大阪に＝in Osaka

_____.

4 次の英語を日本語にしましょう。

(1) She is fifteen.　　　　　　　　　　　　　　　　　fifteen＝15歳の

[　　　　　　　　　　　　　　　　　　　　　　　　　　　]

(2) He's from Okinawa.

[　　　　　　　　　　　　　　　　　　　　　　　　　　　]

This is 〜. / That is 〜.

「これ[あれ]は〜です」

This と That の違いに気をつけよう！

ここがカギ！ 近くにあるものをさして「これ」というときは this, 離れたものをさして「あれ」というときは that を使います。どちらも，be動詞は is を使いましょう。

近くにあるもの

This is a map. （これは地図です。）

離れたところにあるもの

That is a school. （あれは学校です。）

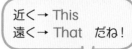
近く→ This
遠く→ That だね！

ここがカギ！ この this と that は，人を紹介するときにも使うことができます。「こちら」というときは this, 「あちら」というときは that を用います。

This is Yumi. （こちらはユミです。）
That is Shota. （あちらはショウタです。）

ユミは近くに，
ショウタは遠くに
いるんだね！

解いて みよう！　解答 p.2　答え合わせのあとは，音声に合わせて英語を音読してみよう。

104

❶ 次の日本語に合うように，_____ に □ から適当な語を入れて，英語を完成させましょう。

(1) これは卵です。　　卵＝egg

_____ is an egg.

(2) あれは鳥です。　　鳥＝bird

_____ is a bird.

| This | He | That | She |

❷ 次の日本語に合うように，（　　）内から適当な語を選んで，○で囲みましょう。

(1) これは私の学校です。（ This / That ）is my school.　　私の＝my

(2) あちらはナナです。（ This / That ）is Nana.

❸ 次の日本語に合うように，[　　]内の語句を並べかえて，正しい英語にしましょう。ただし，文頭にくる語も小文字で書いてあります。

(1) あれはかばんです。[that / a bag / is].　　かばん＝bag

_____ .

(2) これは木です。[is / this / a tree].　　木＝tree

_____ .

❹ 次の英語を日本語にしましょう。

(1) That is a book.

[　　　　　　　　　　　　　　　　　　　　　　]

(2) This is Ms. Green.　　Ms.＝（女性の姓の前で）〜さん，〜先生

[　　　　　　　　　　　　　　　　　　　　　　]

We are ～. / They are ～.

「私たち[彼ら, 彼女たち, それら]は～です」

複数の人やものについて説明できるようになろう！

ここがカギ！ 主語が複数（2人以上, 2つ以上）をさす場合には, be動詞は are を使います。

主語が単数

Tom `is` in Canada. （トムはカナダにいます。）

主語が複数

Tom and John `are` in Canada.

（トムとジョンはカナダにいます。）

主語が2人以上, 2つ以上のときは are を使う！

主語によって使い分けるのじゃ！

ここがカギ！ 主語が we 「私たち」や they 「彼ら, 彼女たち, それら」のときも, be動詞は are を使います。

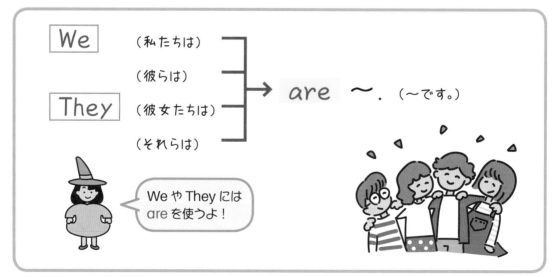

`We`	（私たちは）
	（彼らは）
`They`	（彼女たちは）
	（それらは）

→ `are` ～ . （～です。）

We や They には are を使うよ！

解いてみよう！　解答 p.3　答え合わせのあとは，音声に合わせて英語を音読してみよう。

1 次の日本語に合うように，_____ に適当な語を入れて，英語を完成させましょう。

(1) 私たちは兄弟です。　　　　兄弟＝brother

_____ are brothers.

(2) 彼らは野球選手です。　　　選手＝player

_____ are baseball players.

2 次の日本語に合うように，（　　）内から適当な語を選んで，○で囲みましょう。

(1) 私たちは20歳です。　We（ are / is ）twenty.　　　20歳の＝twenty

(2) それらはオレンジです。（ That / They ）are oranges.

(3) ボブと私はテニス部に入っています。　　　テニス部所属の＝on the tennis team

Bob and I（ am / are ）on the tennis team.

3 次の日本語に合うように，[　　]内の語を並べかえて，正しい英語にしましょう。
ただし，文頭にくる語も小文字で書いてあります。

(1) 私たちは同級生です。　[are / classmates / we].　　　同級生＝classmate

_____.

(2) 彼らは音楽家です。　[musicians / they / are].　　　音楽家＝musician

_____.

4 次の英語を日本語にしましょう。

(1) They are cats.

[　　　　　　　　　　　　　　　　　　　　　　　　　　　　　]

(2) We are from Hiroshima.

[　　　　　　　　　　　　　　　　　　　　　　　　　　　　　]

「〜ではありません」

 notを置く位置に注意して，短くした形もいっしょに覚えよう！

ここがカギ！ 「〜ではありません」という否定の文を作るときには，be動詞のあとにnot「〜でない」を置きます。

ふつうの文 He is John. （彼_{かれ}はジョンです。）

否定文 He is **not** John. （彼はジョンではありません。）

〈主語 + am[are, is] + not 〜 .〉の語順じゃ！

 ここがカギ！ I am not は **I'm not**，He is not は **He's not** または He **isn't** と表すこともあります。are not も，**You're not** や You **aren't** のように短くできます。

I am not a teacher. （私_{わたし}は先生_{せんせい}ではありません。）
= I'm not a teacher.

He is not at school. （彼は学校_{がっこう}にいません。）
= He's not at school.
= He isn't at school.

not は be 動詞の後ろにきているね！

 are not は is not と同じように短くできるよ！

解いてみよう！ 　解答 p.3　　答え合わせのあとは，音声に合わせて英語を音読してみよう。

106

1 次の日本語に合うように，＿＿＿ に □ から適当な語を入れて，英語を完成させましょう。

(1) 私は歌手ではありません。　　　　歌手＝singer

I am ＿＿＿＿＿＿ a singer.

(2) これはギターではありません。　ギター＝guitar

This is ＿＿＿＿＿＿ a guitar.

| not　aren't　isn't　not |

2 次の日本語に合うように，（　　）内から適当な語句を選んで，○で囲みましょう。

(1) ユイは生徒ではありません。　Yui (is not / not) a student.　　生徒＝student

(2) それらはボールではありません。　They (aren't / not) balls.　　ボール＝ball

3 次の日本語に合うように，[　　]内の語句を並べかえて，正しい英語にしましょう。ただし，文頭にくる語も小文字で書いてあります。

(1) 彼はスミス先生ではありません。　[Mr. Smith / is / he / not].

＿＿＿＿＿＿＿＿＿＿＿＿＿＿＿＿＿＿＿＿＿＿＿＿＿＿＿＿ .

(2) 私たちは沖縄にいません。　[in / are / not / Okinawa / we].

＿＿＿＿＿＿＿＿＿＿＿＿＿＿＿＿＿＿＿＿＿＿＿＿＿＿＿＿ .

4 次の英語を日本語にしましょう。

(1) I'm not American.　　　　　　　　　　　　American＝アメリカ人の

[　　　　　　　　　　　　　　　　　　　　　　　　　　　　]

(2) That isn't your bed.　　　　　　　　　　　your＝あなたの

[　　　　　　　　　　　　　　　　　　　　　　　　　　　　]

ステージ 7

be動詞の疑問文

「〜ですか」

be動詞を主語の前に置いて，疑問文を作ろう！

 ここがカギ！ be動詞の疑問文を作るときには，主語の前にbe動詞を置きます。

ふつうの文 You are Bob. （あなたはボブです。）

↓

疑問文 Are you Bob? （あなたはボブですか。）

ふつうの文 This is your notebook. （これはあなたのノートです。）

↓

疑問文 Is this your notebook?

（これはあなたのノートですか。）

be動詞を前に置くんだね！

 ここがカギ！ 答えるときは，〈Yes, ＋主語＋be動詞.〉または〈No, ＋主語＋be動詞＋ not.〉の形で答えます。

疑問文 Are you Mary? （あなたはメアリーですか。）

答え方 Yes, I am. （はい，そうです。）

No, I am not. （いいえ，違います。）

→または No, I'm not.

notはbe動詞の あとにくるよ！

解いてみよう！

解答 p.3

答え合わせのあとは，音声に
合わせて英語を音読してみよう。

1 次の日本語に合うように，＿＿＿＿に適当な語を入れて，英語を完成させましょう。

⑴　あなたはアメリカ人ですか。　アメリカ人の＝American

＿＿＿＿＿＿＿ you American?

⑵　はい，そうです。

Yes, ＿＿＿＿＿＿ am.

2 次の日本語に合うように，[　　]内の語や符号を並べかえて，正しい英語にしましょう。ただし，文頭にくる語も小文字で書いてあります。

⑴　あなたたちは15歳ですか。　[fifteen / are / you]?

あなたたち＝you　15歳の＝fifteen

＿＿＿＿＿＿＿＿＿＿＿＿＿＿＿＿＿＿＿＿＿＿＿＿＿＿＿＿？

⑵　(⑴に答えて) いいえ，違います。　[not / we / no / are / ,].

＿＿＿＿＿＿＿＿＿＿＿＿＿＿＿＿＿＿＿＿＿＿＿＿＿＿＿＿．

3 次の英語を，あとの (　　) 内の指示にしたがって書きかえましょう。

⑴　He is Tom. (疑問文に)

＿＿＿＿＿＿＿ ＿＿＿＿＿＿ Tom?

⑵　Is this a camera? (Yesで答える文に)　camera＝カメラ

Yes, it ＿＿＿＿＿＿ .

4 次の英語を日本語にしましょう。

⑴　Are they sisters?　sister＝姉妹

[　　　　　　　　　　　　　　　　　　　　　　]

⑵　Is that a school?　school＝学校

[　　　　　　　　　　　　　　　　　　　　　　]

What is 〜?

「〜は何ですか」

 Whatは疑問文のはじめに置こう！

 ここが カギ！ 「〜は何ですか」とたずねるときには，文のはじめに What「何」を置いて，前回学んだbe動詞の疑問文と同じ語順〈be動詞＋主語〉を続けます。

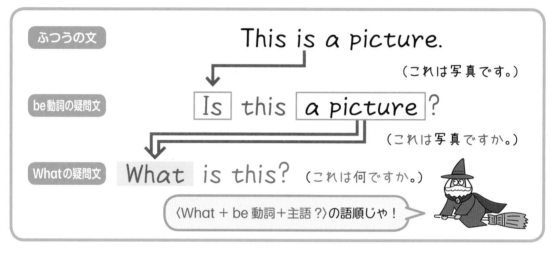

ふつうの文	This is a picture. （これは写真です。）
be動詞の疑問文	Is this a picture? （これは写真ですか。）
Whatの疑問文	What is this? （これは何ですか。）

〈What + be動詞＋主語?〉の語順じゃ！

 ここが カギ！ 「〜は何ですか」という疑問文に対して答えるときは，It is 〜.「それは〜です」のように，具体的な内容を答えましょう。

| 疑問文 | **What is that?** （あれは何ですか。） |
| 答え方 | **It is** a bag. （それはかばんです。） |

It is 〜. で答えるんだね！

 ここが カギ！ What is は What's，It is は It's と短くした形（短縮形）にすることもできます。

| 疑問文 | **What's that?** （あれは何ですか。） |
| 答え方 | It's a restaurant. （それはレストランです。） |

What is = What's，It is = It's と短くできるよ！

解いてみよう！

解答 p.3

答え合わせのあとは，音声に
合わせて英語を音読してみよう。

108

1 次の日本語に合うように，＿＿＿＿ に◻から適当な語を入れて，英語を完成させましょう。

(1) これは何ですか。

＿＿＿＿＿＿ is this?

(2) それは琴(こと)です。

＿＿＿＿＿＿ is a *koto*.

| What | We | They | It |

2 次の日本語に合うように，(　　)内から適当な語句を選んで，○で囲みましょう。

(1) あれは何ですか。　What (that is / is that)?

(2) これは何ですか。　(What's / What) this?

(3) ((2)に答えて) それはコンピューターです。　コンピューター＝computer

(This / It) is a computer.

3 次の英語を，下線部が答えの中心となる疑問文に書きかえましょう。

(1) This is a camera.　camera＝カメラ

＿＿＿＿＿ ＿＿＿＿＿ this?

(2) It's a park.　park＝公園

＿＿＿＿＿ that?

4 次の英語を日本語にしましょう。

(1) What's that?

[　　　　　　　　　　　　　　　　　　　　　　]

(2) ((1)に答えて) It's my book.　my＝私の

[　　　　　　　　　　　　　　　　　　　　　　]

確認テスト

解答 p.4

/100点

1 次の___に入る適当な語をam，is，areの中から選んで，□に書きましょう。（4点×4）

(1)　I _____ Ryota.

> ステージ ②

(2)　She _____ from Kyoto.

> ステージ ③

(3)　That _____ a pen.

> ステージ ④

(4)　They _____ cats.

> ステージ ⑤

2 次の日本語に合うように，___に入る適当な語を□に書きましょう。（5点×5）

(1)　彼^{かれ}はジョンです。
　　 _____ _____ John.

> ステージ ③

(2)　こちらはホワイト先生です。
　　 _____ _____ Mr. White.

> ステージ ④

(3)　私たちは生徒です。　　　　生徒＝student
　　 _____ _____ students.

> ステージ ⑤

(4)　あなたはルーシーですか。
　　 _____ _____ Lucy?

> ステージ ⑦

(5)　私は大阪^{おおさか}にいません。
　　 I _____ _____ in Osaka.

> ステージ ⑥

22

3 次の日本語に合うように，[　]内の語を並べかえて，正しい英語にしましょう。ただし，文頭にくる語も小文字で書いてあります。（6点×4）

(1) あれは犬です。
[dog / is / a / that].

_____ .　ステージ 4

(2) 彼らは兵庫出身ですか。
[they / from / Hyogo / are]?

_____ ?　ステージ 7

(3) これは何ですか。
[is / this / what]?

_____ ?　ステージ 8

(4) 私たちは12歳ではありません。　　　12歳の＝twelve
[twelve / are / not / we].

_____ .　ステージ 6

4 次の英語を日本語にしましょう。（7点×5）

(1) I'm Takuya.
[　　　　　　　　] ステージ 2

(2) This is Aya.
[　　　　　　　　] ステージ 4

(3) What's that?
[　　　　　　　　] ステージ 8

(4) Is she a teacher?　　　teacher＝先生
[　　　　　　　　] ステージ 7

(5) They aren't from Nagoya.
[　　　　　　　　] ステージ 6

23

ステージ

1 Hello, I am Aki. （こんにちは，私はアキです。）

- 文頭は大文字
- I「私」はいつも大文字
- 単語の間は空ける
- 人名は大文字から
- 文末にピリオドやクエスチョンマーク

2 I'm Aki. （私はアキです。）　You're Kenta. （あなたはケンタです。）

- I + am
- You + are

3 He's in Japan. （彼は日本にいます。）

- He + is
- 主語が He や She, 人名など → is

4 This is ～. / That is ～. （これは～です。）（あれは～です。）

- 近くのものをさす
- 離れたものをさす

5 We are ～. / They are ～.

- 主語が複数の人・もの → are

（私たちは～です。）（彼ら[彼女たち, それら]は～です。）

6 He is not John. （彼はジョンではありません。）

- be 動詞のあとに not

7 Are you Bob? （あなたはボブですか。）

- be 動詞を主語の前に

8 What is that? （あれは何ですか。）

- 文のはじめに What
- be 動詞は主語の前

魔法の羽ペンをGET！

次の基本の森へGO!

2章 一般動詞の文

次に３人がたどり着いたのは，基本の森。そこに住む妖精（ようせい）は「一般動詞の文」（いっぱん）を教えてくれるという。エイミーとゴータは，主語によって文の作り方がかわることに注意しながら，ふつうの文・否定文・疑問文の作り方を学んでいく。２人は妖精から魔法（まほう）のマントをもらうことができるのか…？

「〜します」

 like や play などの一般動詞を使った基本的な文の語順を覚えよう！

ここがカギ！ like「〜が好きだ」，study「〜を勉強する」のような，be動詞以外の動詞を一般動詞といいます。

- **have** 「〜を持っている」
- **know** 「〜を知っている」
- **want** 「〜がほしい」
- **live** 「住んでいる」
- **go** 「行く」
- **run** 「走る」
- **teach** 「〜を教える」
- **use** 「〜を使う」 など

人の動作や状態を表すのが一般動詞じゃ！

ここがカギ！ 「〜は…します」という場合は，〈主語＋一般動詞 〜.〉の語順です。多くの場合，一般動詞のあとに「〜を」「〜に」にあたる語（目的語）が続きます。

I　　study　English.　（私は英語を勉強します。）
私は　　勉強する　　英語を

You　　play　sports.　（あなたはスポーツをします。）
あなたは　　する　　スポーツを

〈主語＋一般動詞 〜.〉の語順に注意！

解いてみよう！

解答 p.4

答え合わせのあとは，音声に
合わせて英語を音読してみよう。

109

1 次の日本語に合うように，＿＿＿＿に□から適当な語を入れて，英語を完成させましょう。

(1) 私はスポーツが好きです。　スポーツ＝sport(s)

I ＿＿＿＿＿＿ sports.

(2) 私たちは走ります。

We ＿＿＿＿＿＿.

| play | like | want | run |

2 次の日本語に合うように，（　　）内から適当な語を選んで，○で囲みましょう。

(1) あなたはケイコを知っています。　You (know / are) Keiko.

(2) 私は学校に行きます。　I (am / go) to school.　学校＝school

3 次の日本語に合うように，[　　]内の語句を並べかえて，正しい英語にしましょう。ただし，文頭にくる語も小文字で書いてあります。

(1) 彼^{かれ}らは野球を練習します。　[baseball / they / practice].　〜を練習する＝practice

＿＿＿＿＿＿＿＿＿＿＿＿＿＿＿＿＿＿＿＿＿＿＿＿＿＿＿.

(2) あなたは1台のコンピューターを持っています。　コンピューター＝computer
[have / a computer / you].

＿＿＿＿＿＿＿＿＿＿＿＿＿＿＿＿＿＿＿＿＿＿＿＿＿＿＿.

4 次の英語を日本語にしましょう。

(1) I want a book.

[　　　　　　　　　　　　　　　　　　　　　　　]

(2) We teach English.

[　　　　　　　　　　　　　　　　　　　　　　　]

ステージ 10

一般動詞の否定文

「〜しません」

一般動詞の否定文の場合は，do not を置くことに注意しよう！

ここがカギ！ I「私」と you「あなた」が主語の一般動詞の否定文では，一般動詞の前に do not を置きます。

| ふつうの文 | I read *manga*. （私はマンガを読みます。） |
| 否定文 | I **do not** read *manga*. （私はマンガを読みません。） |

一般動詞の前に do not を置くよ！

ここがカギ！ you「あなたたち」や we「私たち」，they「彼ら，彼女たち，それら」など，**主語が複数**の場合も同じように否定文を作ります。

We **do not** play baseball. （私たちは野球をしません。）

主語が複数でも do not を使うのか！

ここがカギ！ **do not** は，don't と短くした形（短縮形）で表すこともできます。

I do not speak Japanese. （私は日本語を話しません。）
= I **don't** speak Japanese.

ニホンゴ
ワカリマセーン

こんにちは

28

解いて みよう！　解答 p.4

1 次の日本語に合うように，_____ に⬚から適当な語を入れて，英語を完成させましょう。

(1) 私はコーヒーを飲みません。

コーヒー＝coffee　〜を飲む＝drink

I _____ not drink coffee.

(2) あなたはパンを食べません。

パン＝bread

You _____ eat bread.

| am　do　don't　not |

2 次の日本語に合うように，（　　）内から適当な語句を選んで，○で囲みましょう。

(1) 私は車を持っていません。 I (am / do) not have a car.
車＝car

(2) 彼らはブラウン先生を知りません。

They (not / do not) know Mr. Brown.

3 次の日本語に合うように，[　　]内の語句を並べかえて，正しい英語にしましょう。ただし，文頭にくる語も小文字で書いてあります。

(1) あなたたちはその部屋を掃除しません。 部屋＝room　〜を掃除する＝clean
[the room / not / you / clean / do].

_____.

(2) 彼女たちはボールを使いません。[don't / they / a ball / use]. ボール＝ball

_____.

4 次の英語を日本語にしましょう。

(1) We do not practice baseball. practice＝〜を練習する

[　　　　　　　　　　　　　　　　　　　　　　　　]

(2) I don't make lunch. make＝〜を作る　lunch＝昼食

[　　　　　　　　　　　　　　　　　　　　　　　　]

「〜しますか」

Doを使う疑問文の作り方を学習しよう！

ここがカギ！ 一般動詞を使った疑問文を作る場合は，文のはじめにDoを置いて，〈Do＋主語＋一般動詞 〜?〉の形を作りましょう。

| ふつうの文 | You speak English. （あなたは英語を話します。） |

| 疑問文 | Do you speak English? （あなたは英語を話しますか。） |

主語　一般動詞

文のはじめにDoを置くんじゃ！

ここがカギ！ 答えるときは，YesかNoを述べたあとに〈主語＋doまたはdo not [don't].〉を続けます。

| 疑問文 | Do you practice kendo? |

主語　一般動詞

（あなたは剣道を練習しますか。）

| 答え方 | Yes, I <u>do</u>. （はい，します。）
No, I <u>do not</u>. （いいえ，しません。）
→または No, I don't. |

答えるときも，doを使うよ！

do notはdon'tと短くできるよ！

解いてみよう！

解答 p.5

答え合わせのあとは，音声に合わせて英語を音読してみよう。

1 次の日本語に合うように，_____ に □ から適当な語を入れて，英語を完成させましょう。

(1) あなたはピアノを演奏しますか。

_____ you play the piano?

(2) はい，演奏します。

Yes, I _____ .

Do　Are　do　am

2 次の日本語に合うように，（　　）内から適当な語句を選んで，○で囲みましょう。

(1) あなたは生徒ですか。（ Are / Do ）you a student?　　　生徒＝student

(2) あなたは朝食を作りますか。　　　朝食＝breakfast　　〜を作る＝make

（ Are / Do ）you make breakfast?

(3) ((2)に答えて)いいえ，作りません。　No, I（ am not / do not ）.

3 次の英語を，疑問文に書きかえましょう。

(1) You use a dictionary.　　　dictionary＝辞書

_____ you _____ a dictionary?

(2) You like Mr. Sato.

_____ _____ like Mr. Sato?

4 次の英語を日本語にしましょう。

(1) Do you play basketball?　　　basketball＝バスケットボール

[　　　　　　　　　　　　　　　　　　　　　　　　　　　　　]

(2) ((1)に答えて) No, we don't.

[　　　　　　　　　　　　　　　　　　　　　　　　　　　　　]

What do you 〜?
「あなたは何を〜しますか」

Whatを使って，具体的な質問をしてみよう！

ここがカギ！ ステージ⑪で学習した**一般動詞の疑問文**のはじめにWhatを置くと，「何を〜しますか」と聞くことができます。

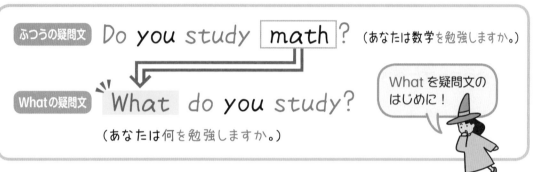

| ふつうの疑問文 | Do you study [math] ? （あなたは**数学**を勉強しますか。） |

What do you study?
（あなたは何を勉強しますか。）

吹き出し：What を疑問文のはじめに！

ここがカギ！ 答えるときは，〈主語＋一般動詞＋目的語 〜.〉で答えます。

| 疑問文 | What do you study? （あなたは何を勉強しますか。） |
| 答え方 | I study math. （私は数学を勉強します。） |

主語　動詞　〜を

ここがカギ！ 一般動詞に**do**「〜をする」を使うと，「何をしますか」と聞くことができます。ふつう，**「いつなのか」を表す語句**といっしょに使います。

| 疑問文 | What do you [do] in the morning? |

（あなたは朝，何をしますか。）

| 答え方 | I play basketball. |

（私はバスケットボールをします。）

吹き出し：〈What do ＋主語＋ do 〜 ?〉で「何をするのか」を聞くんじゃ！

解いてみよう！

解答 p.5

答え合わせのあとは，音声に
合わせて英語を音読してみよう。

112

1 次の日本語に合うように，＿＿＿＿ に適当な語を入れて，英語を完成させましょう。

(1) あなたは箱の中に何を持っていますか。　箱＝box

＿＿＿＿＿＿＿ do you have in the box?

(2) 私はペンを持っています。

I ＿＿＿＿＿＿＿ pens.

2 次の日本語に合うように，[　　]内の語を並べかえて，正しい英語にしましょう。
ただし，文頭にくる語も小文字で書いてあります。

(1) あなたは夜，何をしますか。[do / do / you / what] at night?　夜に＝at night

＿＿＿＿＿＿＿＿＿＿＿＿＿＿＿＿＿＿＿＿＿＿＿＿ at night?

(2) 彼らは日本について何を知っていますか。[know / do / what / they] about Japan?

＿＿＿＿＿＿＿＿＿＿＿＿＿＿＿＿＿＿＿＿＿＿ about Japan?

3 次の英語を，あとの（　　）内の指示にしたがって書きかえましょう。

(1) Do they teach Japanese?　(「何を教えますか」という文に)　Japanese＝国語

＿＿＿＿＿＿＿ do they teach?

(2) I eat oranges.　(下線部が答えの中心となる疑問文に)　eat＝～を食べる

＿＿＿＿＿＿＿ ＿＿＿＿＿＿＿ you eat?

4 次の英語を日本語にしましょう。

(1) What do you want?

[　　　　　　　　　　　　　　　　　　　　　　　　　　　　]

(2) ((1)に答えて) I want an English book.

[　　　　　　　　　　　　　　　　　　　　　　　　　　　　]

一般動詞の文（主語が3人称単数）

「彼［彼女］は～します」

3人称単数とは何か，動詞をどう変化させるかを学習しよう！

ここが カギ！
自分でもなく，相手でもない人・もののことを「3人称」といいます。そして，それが1人もしくは1つの場合，「3人称単数」と呼びます。

ここが カギ！
主語がheやsheなど（3人称単数）の場合，一般動詞をsまたはesがついた形にする必要があります。動詞によってその形の作り方がかわります。

He speaks English. （彼は英語を話します。）

動詞にs（またはes）をつけるんだね！

不規則に変化するものは覚えよう！

● 一般動詞のsのつけ方

最後に**s**をつける	like「～が好きだ」→ likes
最後に**es**をつける	go「行く」→ goes
yを**i**にかえて**es**をつける	study「～を勉強する」→ studies
不規則に変化する	have「～を持っている」→ has

解いてみよう！

解答 p.5　　答え合わせのあとは，音声に合わせて英語を音読してみよう。

1 次の日本語に合うように，＿＿＿ に ☐ から適当な語を入れて，英語を完成させましょう。

(1) トムはギターを演奏します。

Tom ＿＿＿＿＿＿ the guitar.

(2) エミは歌を歌います。　　歌＝song

Emi ＿＿＿＿＿＿ songs.

| play |
| plays |
| sing |
| sings |

2 次の日本語に合うように，（　　）内の語を必要であれば適当な形にかえて，書きましょう。

(1) ナナは昼食を作ります。　　　　　　　　　　　　　　　　～を作る＝make

Nana ＿＿＿＿＿＿ lunch. （ make ）

(2) 私たちはプールで泳ぎます。　　　　　　　　プール＝pool　泳ぐ＝swim

We ＿＿＿＿＿＿ in the pool. （ swim ）

3 次の英語を，あとの（　　）内の指示にしたがって書きかえましょう。

(1) I go to the library every day. （下線部をHeにかえて）library＝図書館　every day＝毎日

He ＿＿＿＿＿＿ to the library every day.

(2) You have a cat. （下線部をMs. Satoにかえて）

Ms. Sato ＿＿＿＿＿＿ a cat.

4 次の英語を日本語にしましょう。

(1) She likes music.

[　　　　　　　　　　　　　　　　　　　　　　　　　　　]

(2) My brother watches TV at night. TV＝テレビ　at night＝夜に

[　　　　　　　　　　　　　　　　　　　　　　　　　　　]

一般動詞の否定文（主語が3人称単数）

「彼［彼女］は〜しません」

does not を使う否定文の作り方や，動詞の形などに気をつけよう！

 ここがカギ！ 主語がheやsheなど（3人称単数）の場合，「〜しません」という否定文を作るには主語のあとに does not [doesn't] を置きます。

主語がI，you，複数のとき

I do not play soccer. （私はサッカーをしません。）

主語がheやsheなど（3人称単数）のとき

He does not play soccer.

（彼はサッカーをしません。）

He や She などのあとには does not じゃ！

 ここがカギ！ does not [doesn't] を置く場合，一般動詞は原形（もとの形）にすることに注意しましょう。

ふつうの文 He plays soccer.

（彼はサッカーをします。）

否定文 He doesn't play soccer.

もとの形

（彼はサッカーをしません。）

does not は doesn't と短くできるよ！

動詞はもとの形にするんだね！

まとめ これまで学習した否定文

| **be動詞の否定文** | 〈主語＋be動詞＋not 〜.〉 | 〜ではありません。 |

| **一般動詞の否定文** | 〈主語＋do not [don't]＋一般動詞〜.〉（もとの形） | 〜しません。 |

| **主語が3人称単数の一般動詞の否定文** | 〈主語＋does not [doesn't]＋一般動詞〜.〉（もとの形） | 〜しません。 |

解いて みよう！

解答 p.5

答え合わせのあとは，音声に
合わせて英語を音読してみよう。

月　　　　日

1 次の日本語に合うように， _____ に適当な語を入れて，英語を完成させましょう。

(1) コウタはバレーボールをしません。バレーボール＝volleyball

Kota _____ _____ play volleyball.

(2) 彼はユニフォームを持っていません。　ユニフォーム＝uniform

He _____ have a uniform.

2 次の日本語に合うように，（　　）内から適当な語を選んで，○で囲みましょう。

(1) リサは英語を話しません。　　　　　　　　　　　　　　　　　　　　～を話す＝speak

Lisa（ do / does ）not speak English.

(2) 彼はテニスの試合を見ません。　　　　　　　　　　　　　　　　　　試合＝match

He（ does / doesn't ）watch the tennis match.

3 次の日本語に合うように，［　　］内の語句を並べかえて，正しい英語にしましょう。ただし，文頭にくる語も小文字で書いてあります。

(1) 彼女は牛乳がほしくありません。［ want / not / she / milk / does ］.牛乳＝milk

_____.

(2) 私の姉は中国語を勉強しません。　　　　　　　　　　　　　中国語＝Chinese

［ Chinese / doesn't / my sister / study ］.

_____.

4 次の英語を日本語にしましょう。

(1) She does not play basketball.

［　　　　　　　　　　　　　　　　　　　　　　　　　　　　　　　　　　　　　　］

(2) Mr. Green doesn't cook.　　　　　　　　　　　　　　　cook＝料理をする

［　　　　　　　　　　　　　　　　　　　　　　　　　　　　　　　　　　　　　　］

2章 一般動詞の文

「彼［彼女］は～しますか」

Do ではなく Does を使うことや動詞の形に注意しよう！

ここが
カギ！

主語が he や she など（3人称単数）の疑問文では，ステージ⓮ で学習した否定文のパターンと同じように，Do の代わりに **Does** を使います。

文のはじめに
Does じゃ！

> **主語がI, you, 複数のとき**
>
> Do you ～? （あなたは～ですか。）
>
> **主語が he や she など（3人称単数）のとき**
>
> Does she ～? （彼女は～ですか。）

ここが
カギ！

それから，**Does** を使うときには**動詞を原形（もとの形）**にします。これも否定文のときと同じですね。

> ふつうの文　She likes music. （彼女は音楽が好きです。）
>
> 疑問文　Does she like music?
>
> （彼女は音楽が好きですか。）

Do じゃなくて
Does を置くん
だね！

動詞には
s をつけない
ように注意！

> 答え方　Yes, she does. （はい，好きです。）
>
> No, she does not. （いいえ，好きではありません。）
>
> →または No, she doesn't.

does not は doesn't と短くできる！

解いてみよう！

解答 p.6

答え合わせのあとは、音声に合わせて英語を音読してみよう。

月　　日

1 次の日本語に合うように、＿＿＿ に適当な語を入れて、英語を完成させましょう。

(1) 林先生は数学を教えますか。

　　＿＿＿＿＿＿ Ms. Hayashi teach math?

(2) はい、教えます。

　　Yes, she ＿＿＿＿＿.

2 次の日本語に合うように、[　]内の語句を並べかえて、正しい英語にしましょう。ただし、文頭にくる語も小文字で書いてあります。

(1) 彼は柔道を練習しますか。[practice / he / *judo* / does]?　～を練習する＝practice

　　＿＿＿＿＿＿＿＿＿＿＿＿＿＿＿＿＿＿＿＿＿＿＿＿＿＿＿＿＿＿＿＿?

(2) 佐藤先生は音楽が好きですか。 [like / does / music / Mr. Sato]?

　　＿＿＿＿＿＿＿＿＿＿＿＿＿＿＿＿＿＿＿＿＿＿＿＿＿＿＿＿＿＿＿＿?

3 次の英語を、あとの（　）内の指示にしたがって書きかえましょう。

(1) Do you eat dinner? （主語を he にかえて）　　　　　　　　　　　dinner＝夕食

　　＿＿＿＿＿＿＿ he eat dinner?

(2) She goes to the station. （疑問文に）　　　　　　　　　　　station＝駅

　　＿＿＿＿＿＿＿ she ＿＿＿＿＿＿＿ to the station?

4 次の英語を日本語にしましょう。

(1) Does Shinji use this pen?　　　　　　　　　　　　　　　　this＝この

　　[　　　　　　　　　　　　　　　　　　　　　　　　　　　　　　]

(2) （(1)に答えて）No, he doesn't.

　　[　　　　　　　　　　　　　　　　　　　　　　　　　　　　　　]

1 次の（　）内から適当な語を選んで，☐☐☐に書きましょう。（4点×4）

(1) I (like / likes) math.

≫ステージ 9

(2) (Do / Does) you play soccer?

≫ステージ 11

(3) She (go / goes) to school.　　school＝学校

≫ステージ 13

(4) He (don't / doesn't) know Hayato.

≫ステージ 14

2 次の日本語に合うように，＿＿＿に入る適当な語を☐☐☐に書きましょう。（5点×5）

(1) 彼女はピアノを演奏します。

She ＿＿＿＿ the piano.

≫ステージ 13

(2) 彼は英語を勉強します。

He ＿＿＿＿ English.

≫ステージ 13

(3) あなたはバスケットボールが好きですか。

＿＿＿＿ you like basketball?

≫ステージ 11

(4) （(3)に答えて）いいえ，好きではありません。

No, I ＿＿＿＿.

≫ステージ 11

(5) あなたは何を読みますか。　　〜を読む＝read

＿＿＿＿ do you read?

≫ステージ 12

3　次の日本語に合うように，[　　]内の語句を並べかえて，正しい英語にしましょう。ただし，文頭にくる語も小文字で書いてあります。(6点×4)

(1) 彼らは音楽が好きではありません。

[like / they / music / not / do].

_____ . ＞ステージ **10**

(2) あなたたちは何を勉強しますか。

[do / what / study / you]?

_____ ? ＞ステージ **12**

(3) ブラウン先生はそばを食べません。

[not / Mr. Brown / *soba* / does / eat].

_____ . ＞ステージ **14**

(4) 彼はギターを演奏しますか。

[he / the / does / guitar / play]?

_____ ? ＞ステージ **15**

4　次の英語を日本語にしましょう。(7点×5)

(1) We play tennis.

[　　　　　　　　　　　　　　　　] ＞ステージ **9**

(2) Do you teach English?

[　　　　　　　　　　　　　　　　] ＞ステージ **11**

(3) I don't have a pen.

[　　　　　　　　　　　　　　　　] ＞ステージ **10**

(4) Does she use the Internet?　　　　the Internet＝インターネット

[　　　　　　　　　　　　　　　　] ＞ステージ **15**

(5) What do you do?

[　　　　　　　　　　　　　　　　] ＞ステージ **12**

ステージ

9 I study English. （私は英語を勉強します。）

　　　　一般動詞　　　～を

10 I do not read manga. （私はマンガを読みません。）

　　　主語のあとに do not [don't]

11 Do you practice kendo? （あなたは剣道を練習しますか。）

　　　主語の前に Do

　→ Yes, I do. （はい，します。）
　→ No, I do not [don't]. （いいえ，しません。）

12 What do you study? （あなたは何を勉強しますか。）

　　　疑問文のはじめに What

　→ I study math. （私は数学を勉強します。）

13 He speaks English. （彼は英語を話します。）

　　　主語が He や She のときは，一般動詞を s または es がついた形にする

14 He does not play soccer. （彼はサッカーをしません。）

　　　主語のあとに does not [doesn't]

15 Does she like music? （彼女は音楽が好きですか。）

　　　主語の前に　　　一般動詞は
　　　Does　　　　　原形（もとの形）

　→ Yes, she does. （はい，好きです。）
　→ No, she does not [doesn't]. （いいえ，好きではありません。）

魔法のマントをGET！

次の単複の谷へGO!

3章 単数・複数

 　3人は次に，こびとのおじいさんに会うために単複の谷を訪れる。そこでエイミーとゴータは，英語の「単数・複数」について教わる。人やものの数によって，名詞の形をかえる必要があるようだ。そして同時に，2人は「数えられる名詞」と「数えられない名詞」があることなども学ぶ。無事にマスターして，魔法のブーツを手に入れることができるのか…？

単複の谷

① ここに住むこびとにブーツを作ってもらおう

② こびとの家はそのままでは入れぬ　体を小さくする魔法をかけるぞ　わー！

③ はじめまして!!　こびとのおじいさん!!

④ やあ，2人ともはじめまして　わあ！

⑤ この2人に「魔法のブーツ」を作ってほしいんじゃ　なるほど

⑥ それなら，英語の単数・複数をマスターできたら，作ってやろう

ステージ 16

冠詞a, anの使い方

ものが1つのときの表し方

aやanの働きを学習し，2つを使い分けられるようになろう！

ここが カギ！ 1つのものや1人の人を表すときの形を**単数形**といい，そのときには**数えられる名詞の前に**aまたはanをつけます。

---

a boy （1人の男の子）

an orange （1つのオレンジ）

> 1つのものや1人の人を表す名詞には，
> aやanをつけるんだね！

ここが カギ！ aとanは**冠詞**といい，名詞によって2つを使い分けます。基本はaを使い，**ア・イ・ウ・エ・オに似た音（母音）ではじまる名詞**にはanを使いましょう。

［エッグ］

an egg （1個の卵）

［アポー］

an apple （1個のリンゴ）

［イングリッシュ］

an English teacher （1人の英語の先生）

> ア・イ・ウ・エ・オに似た音
> ではじまる名詞にはan！

ここが カギ！ aやanは多くの場合，**日本語には訳しません。**

> 数を聞かれたときには
> 「1個のリンゴ」のように
> 訳すこともあるんじゃ！

I am a student. （私は生徒です。）

I want an apple. （私はリンゴがほしいです。）

解いてみよう！　　解答 p.7

1 次の日本語に合うように，＿＿＿ に □ から適当な語を入れて，英語を完成させましょう。

(1) あれはボールではありません。　　ボール＝ball

That's not ＿＿＿＿＿ ball.

(2) それはリンゴです。　　リンゴ＝apple

It's ＿＿＿＿＿ apple.

| a | the | an | some |

2 次の日本語に合うように，（　）内から適当な語を選んで，○で囲みましょう。

(1) 私はかばんが必要です。　I need (a / an) bag.　　～が必要である＝need

(2) ユキはオレンジを持っています。　Yuki has (a / an) orange.

3 次の日本語に合うように，[　]内の語句を並べかえて，正しい英語にしましょう。ただし，不要な語が1語あります。文頭にくる語も小文字で書いてあります。

(1) 彼女_{かのじょ}はかさを使います。　　かさ＝umbrella

[a / umbrella / she / an / uses].

＿＿＿＿＿＿＿＿＿＿＿＿＿＿＿＿＿＿＿＿ .

(2) 田中_{た なか}先生はペンを1本ほしがっています。

[pen / Ms. Tanaka / an / wants / a].

＿＿＿＿＿＿＿＿＿＿＿＿＿＿＿＿＿＿＿＿ .

4 （　）内の語句を用いて，次の日本語を英語にしましょう。

(1) 彼_{かれ}は教師です。（ teacher ）

＿＿＿＿＿＿＿＿＿＿＿＿＿＿＿＿＿＿＿＿

(2) 私は英語の本を1冊持っています。（ English book ）

＿＿＿＿＿＿＿＿＿＿＿＿＿＿＿＿＿＿＿＿

3章

単数・複数

名詞の複数形

ものが複数のときの表し方

複数形の作り方を覚えよう！

 ここが **カギ！**
2つ以上のものや2人以上の人を表すときの形を**複数形**といいます。複数形では，基本的には**名詞の最後にsをつけます**。

a cat （1匹のネコ）

two cats （2匹のネコ）

複数を表す語句

2つ[2人]以上のときは，sをつけるんじゃ！

 ここが **カギ！**
多くの名詞は最後にsをつけますが，名詞によって複数形の作り方が異なるので，それぞれのパターンを覚えておきましょう。

● **名詞の複数形の作り方**

最後に**s**をつける	book「本」→ books
最後に**es**をつける	box「箱」→ boxes
yを**i**にかえて**es**をつける	city「都市」→ cities
不規則に変化する	man「男性」→ men woman「女性」→ women
単数形と同じ形	fish「魚」→ fish

複数形の作り方を覚えよう！

ルールがわかれば簡単だね！

someは「いくつかの」，manyは「たくさんの」という意味です。名詞の前につくと，その名詞は複数形になります。

解いてみよう！

解答 p.7　答え合わせのあとは，音声に合わせて英語を音読してみよう。

1 次の日本語に合うように，＿＿＿ に □ から適当な語を入れて，英語を完成させましょう。

(1) 私たちは生徒です。　　　　　　　　　生徒＝student

　　We are ＿＿＿＿＿＿ .

(2) 私たちは今日，5つの授業があります。　授業＝class

　　We have five ＿＿＿＿＿＿ today.

| student　students　class　classes |

3章

単数・複数

2 次の日本語に合うように，（　　）内の語を適当な形にかえて，書きましょう。

(1) 私は何冊かの本がほしいです。

　　I want some ＿＿＿＿＿＿ .（ book ）

(2) 私にはその部屋の中に3人の女性が見えます。　　部屋＝room　～が見える＝see

　　I see three ＿＿＿＿＿＿ in the room.（ woman ）

3 次の英語を，下線部があとの（　　）内の意味になるように，書きかえましょう。

(1) <u>A</u> bus goes to the station from here.（5台の）　　station＝駅　here＝ここ

　　＿＿＿＿＿＿ ＿＿＿＿＿＿ go to the station from here.

(2) Does she visit <u>a</u> city in summer?（たくさんの）　visit＝～を訪れる　in summer＝夏に

　　Does she visit ＿＿＿＿＿＿ ＿＿＿＿＿＿ in summer?

4 （　　）内の語を用いて，次の日本語を英語にしましょう。

(1) 私の父は2台のコンピューターを使います。（ two ）父＝father　コンピューター＝computer

＿＿＿＿＿＿＿＿＿＿＿＿＿＿＿＿＿＿＿＿＿＿＿＿＿＿＿

(2) 何人かの男性は公園でテニスをします。（ some ）　　　　　公園＝park

＿＿＿＿＿＿＿＿＿＿＿＿＿＿＿＿＿＿＿＿＿＿＿＿＿＿＿

How many 〜?

「いくつの〜しますか」

How manyを使って，ものの数や人数をたずねてみよう！

ここが **カギ！**

「いくつの〜？」とたずねるときは，**文のはじめに〈How many＋名詞の複数形〉を置き，そのあとに疑問文の形**を続けます。

いっぱん 一般動詞の 疑問文	**Do you have a pen?**

（あなたはペンを持っていますか。）

How manyを 使った疑問文	**How many pens** do you have?

（あなたは何本のペンを持っていますか。）

> 文のはじめに
〈How many＋名詞の複数形〉！

ここが **カギ！**

質問に答えるときは，**具体的な数**を答えます。また，**複数形の名詞の前**には
some「いくつかの」やmany「たくさんの」などの語句が置かれます。

疑問文	**How many books do you have?**

（あなたは何冊の本を持っていますか。）

答え方	**I have twenty books.**

（私は20冊の本を持っています。）

● **複数を表す語句**

I have some **books.** （私は何冊かの本を持っています。）

> 複数を表す語句

> 複数を表す some や
> many を覚えよう！

解いてみよう！ 解答 p.7

答え合わせのあとは，音声に
合わせて英語を音読してみよう。

118

月　　　日

1 次の日本語に合うように，_____ に適当な語を入れて，英語を完成させましょう。

(1) あなたはいくつの消しゴムを持っていますか。

消しゴム＝eraser

_____ _____ erasers do you have?

(2) 私は３つの消しゴムを持っています。

I have _____ _____ .

2 次の英語を，下線部が答えの中心となる疑問文に書きかえましょう。

(1) He has <u>two</u> cups.

cup＝カップ

_____ _____ cups does he have?

(2) I want <u>five</u> eggs.

egg＝卵

_____ _____ _____ do you want?

3 次の日本語に合うように，[　　]内の語を並べかえて，正しい英語にしましょう。
ただし，文頭にくる語も小文字で書いてあります。

(1) あなたは何人の先生を知っていますか。

[teachers / many / do / how] you know?

_____ you know?

(2) 彼女は今日，いくつの教科を勉強しますか。

教科＝subject

[many / study / she / how / subjects / does] today?

_____ today?

4 次の英語を日本語にしましょう。

(1) How many pencils do you use?

pencil＝えんぴつ

[

]

(2) How many CDs does your father have?

father＝お父さん

[

]

3章

単数・複数

 ⑯ ⑰ ⑱ ⑲ ⑳

49

ステージ 19 限定されたものの表し方

「その〜」と，名詞を限定する冠詞 the の使い方に注意しよう！

ここがカギ！

「その〜」という意味を表す **the** は，a や an と同じく**冠詞**と呼ばれます。**何を**さして話しているのかがわかるときは，名詞の前に the を置きましょう。

I have a dog. （私は1匹の犬を飼っています。）
That's the dog. （あれがその犬です。）

名詞の前に the
を置くんじゃ！

the dog

ここがカギ！

1つしか存在しないものや時間を表す決まった表現など，**必ず the がつくもの**もあります。

天体

the earth 「地球」
the sun 「太陽」

the がつく国名

the U.S.A. 「アメリカ合衆国」
the U.K. 「イギリス」

時間の表現

in the morning 「午前中に，朝に」
in the afternoon 「午後に，昼に」

楽器名

play the piano 「ピアノを演奏する」
play the guitar 「ギターを演奏する」

「(楽器)を演奏する」というときは，
楽器名の前に the をつけるよ！

解いてみよう！ 　解答 p.7

答え合わせのあとは，音声に
合わせて英語を音読してみよう。

1 次の日本語に合うように，_____ に□から適当な語を入れて，英語を完成させましょう。

(1) これはかさです。　　　　　　　　かさ＝umbrella

This is _____ umbrella.

(2) 私はそのかさを使います。

I use _____ umbrella.

| a | an | some | the |

2 次の日本語に合うように，（　　）内から適当な語を選んで，○で囲みましょう。

(1) 私は自転車を持っています。私はその自転車を気に入っています。　　自転車＝bike

I have a bike. I like (a / the) bike.

(2) 彼女はギターを演奏します。 She plays (a / the) guitar.

(3) あなたは朝に牛乳を飲みます。　　　　　　　牛乳＝milk　　～を飲む＝drink

You drink milk in (an / the) morning.

3 次の日本語に合うように，[　　]内の語句を並べかえて，正しい英語にしましょう。ただし，文頭にくる語も小文字で書いてあります。

(1) あれはテーブルです。彼らはそのテーブルを使います。　　　　テーブル＝table

That is a table. [the / use / table / they].

_____.

(2) 彼は毎年，アメリカ合衆国に行きますか。　　　　　　　毎年＝every year

[does / he / the U.S.A. / go to] every year?

_____ every year?

4 次の英語を日本語にしましょう。

I have two bags. I like the bags.

[

]

数えられないものの表し方

数えられる名詞と数えられない名詞を区別しよう！

 ここが**カギ！** 名詞は単数形もしくは複数形にすると学習しましたが，中には**単数・複数の区別がない**「数えられない名詞」というものがあります。

数えられる名詞

単数形 a dog, an egg ◁ 前にaやanをつける

複数形 cats, boxes ◁ 後ろにsやesをつける

数えられない名詞

water → ✕ a water
→ ✕ waters

 数を数えられない名詞もあるんだね！

 ここが**カギ！** 数えられない名詞には，以下のようなものがあります。これらは**前にaやan，後ろにsやesをつけられません。**

人名・国名・地名	スポーツ名・教科名・言語名	決まった形がないもの・目に見えないもの
Kenta 「ケンタ」	tennis 「テニス」	water 「水」
Japan 「日本」	math 「数学」	music 「音楽」
Kyoto 「京都」	English 「英語」	rice 「米，ごはん」

 aやan, sやes をつけないよ！

数えられない名詞でも，some「いくらかの」やa lot of「たくさんの」をつけられるものもあります。
例 I want some water. （私はいくらかの水がほしいです。）

解いてみよう！

解答 p.8

答え合わせのあとは，音声に合わせて英語を音読してみよう。

_____ 月 _____ 日

1 次の日本語に合うように，_____ に□から適当な語を選んで，必要であれば適当な形にかえて，英語を完成させましょう。

(1) 私は牛乳を飲みます。　　　　　　　〜を飲む＝drink

I drink _____ .

(2) 私はいくつかのオレンジを食べます。

I eat some _____ .

orange apple milk water

apple＝リンゴ

2 次の日本語に合うように，（　　）内のa, an, ×（何もつかない）から適当なものを選んで，○で囲みましょう。

(1) 私の兄は数学を勉強します。

My brother studies （ a / an / × ） math.

(2) あなたは卵を食べますか。　Do you eat （ a / an / × ） egg?　　卵＝egg

3 次の日本語に合うように，_____ に適当な語を書きましょう。

(1) 私たちにはいくらかの水が必要です。　　　　　　〜が必要である＝need

We need some _____ .

(2) 私は朝にたくさんのごはんを食べます。　　　　　朝に＝in the morning

I have a lot of _____ in the morning.

4 次の日本語を英語にしましょう。

(1) 私はバレーボールをします。　　　　　　　　バレーボール＝volleyball

_____

(2) あなたは音楽が好きですか。

_____

1 次の（　）内から適当な語句を選んで，□に書きましょう。（4点×4）

(1) This is (a / an / some) orange.

ステージ **16**

(2) I have (a / two / three) sister.

ステージ **16**

(3) Do you play (a / an / the) piano?

ステージ **19**

(4) She likes (music / a music / musics).

ステージ **20**

2 次の日本語に合うように，＿＿に入る適当な語を□に書きましょう。（5点×5）

(1) ボブは生徒です。　　　　　　　　　　　生徒＝student

Bob is ＿＿＿＿ student.

ステージ **16**

(2) 何台かのバスが私の学校へ行きます。　　学校＝school

Some ＿＿＿＿ go to my school.

ステージ **17**

(3) あなたは何匹の犬を飼っていますか。

How many ＿＿＿＿ do you have?

ステージ **18**

(4) （(3)に答えて）4匹飼っています。

I have ＿＿＿＿.

ステージ **18**

(5) あれはノートです。私はそのノートを使います。

That is a notebook. I use ＿＿＿＿ notebook.

ステージ **19**

3 次の日本語に合うように，[　　]内の語句を並べかえて，正しい英語にしましょう。ただし，文頭にくる語も小文字で書いてあります。(6点×4)

(1) 佐藤さんは英語の先生です。

[Ms. Sato / English / is / an / teacher].

_____ . ▶ステージ **16**

(2) 私はたくさんの本を持っています。

[have / many / I / books].

_____ . ▶ステージ **17**

(3) 彼は何枚のTシャツを持っていますか。　　　　　　　Tシャツ＝T-shirt

[does / many / T-shirts / have / how / he]?

_____ ? ▶ステージ **18**

(4) 私たちはたくさんの紅茶を飲みます。　　　紅茶＝tea　　～を飲む＝drink

[of / drink / a / tea / we / lot].

_____ . ▶ステージ **20**

4 次の英語を日本語にしましょう。(7点×5)

(1) She has a cat.

[　　　　　　　　　　　　　　　　　] ▶ステージ **16**

(2) I have some eggs.　　　　　　　　　　　　　　egg＝卵

[　　　　　　　　　　　　　　　　　] ▶ステージ **17**

(3) How many books do you read every month? read＝～を読む　every month＝毎月

[　　　　　　　　　　　　　　　　　] ▶ステージ **18**

(4) We run in the morning.

[　　　　　　　　　　　　　　　　　] ▶ステージ **19**

(5) I have a cap. I like the cap.　　　　　　　　cap＝帽子

[　　　　　　　　　　　　　　　　　] ▶ステージ **19**

3章　単数・複数

55

ステージ

16 **a boy** （1人の男の子）

> 1つの，1人の

an orange （1つのオレンジ）

> ア・イ・ウ・エ・オに似た音ではじまる単語 → an

単語によって，
形を合わせるんじゃ！

17 **two cats** （2匹のネコ）

> 末尾に s がついた形

18 **How many books do you have?**

> 〈How many ＋名詞の複数形〉
> を疑問文のはじめに

（あなたは何冊の本を持っていますか。）

→ **I have twenty books.** （私は20冊の本を持っています。）

19 **That's the dog.** （あれがその犬です。）

> 名詞を限定する the：「その〜」

the sun （太陽）

> 必ず the がつく名詞もある

あわてずに
しっかり確認！

20 **I want some water.** （私はいくらかの水がほしいです。）

> 前に a や an をつけたり，末尾に s をつけたりできない名詞もある

魔法のブーツをGET！

**次の指令の
城へGO！**

● ● ● ● ● →

4章 命令文

マントとブーツを手に入れて，あとはつえが必要だと考えた師匠は，大王が住む指令の城を訪れる。エイミーとゴータは大王に少しおびえながらも，「命令文」に加えて「提案する文」「禁止する文」について教わっていく。どうやら主語を置かないことがポイントのようだ。はたして2人は，大王から魔法のつえをもらうことができるのか…？

① あとはつえが必要じゃな

② 指令の城の大王に頼もう
指令の城
キィー…

③ なんの用だ　大王…!?

④ この2人に「魔法のつえ」が必要なんじゃ

⑤ ならば命令文をマスターできたらあげよう！

⑥ ついてきなさい　…お願いしますっ!!

命令文 / Let's 〜.

「〜しなさい」「〜しましょう」

命令文やLet'sの文では，主語を入れないことに注意しよう！

**ここが
カギ！**
「〜しなさい」と相手に命令するときは，主語をとって**動詞の原形（もとの形）**で文をはじめます。

ふつうの文	You *use* this computer.

（あなたはこのコンピューターを使います。）

↓

命令文	**Use** this computer.

もとの形

（このコンピューターを使いなさい。）

主語はいらな
いんじゃ！

ふつうの文	You *are* careful.

（あなたは注意深いです。）

↓

命令文	**Be** careful.

（注意しなさい。）

もとの形

be動詞のもとの
形は be だよ！

**ここが
カギ！**
「〜してください」とていねいにお願いする場合は，文のはじめに **Please** を置くか，文の最後に〈コンマ (,) ＋ please.〉を置きます。

Please be careful. （注意してください。）
= Be careful, **please**.

コンマ

気を
つけて！

**ここが
カギ！**
「〜しましょう」と提案するときは，〈**Let's ＋動詞の原形（もとの形）〜.**〉の形です。

Let's go to the park. （公園に行きましょう。）

もとの形

Let's のあとは動詞のもとの形だね！

解いてみよう！ 解答 p.9

1 次の日本語に合うように，_____ に □ から適当な語を入れて，英語を完成させましょう。

(1) ヒロ，このボールを使いなさい。
この＝this　ボール＝ball
Hiro, _____ this ball.

(2) 野球を練習しましょう。
Let's _____ baseball.

| use | uses | practice | practices | practice＝〜を練習する |

2 次の日本語に合うように，（　　）内から適当な語を選んで，○で囲みましょう。

(1) その写真を見なさい。 (Look / Looks) at the picture.

(2) 静かにしなさい。 (Be / Is) quiet.
静かな＝quiet

(3) バスケットボールをしましょう。 (Please / Let's) play basketball.

3 次の英語を，あとの（　　）内の意味の文になるように，書きかえましょう。

(1) Eat lunch. （〜してください）

_____ _____ lunch.

(2) We walk to the park. （〜しましょう）
walk＝歩く　park＝公園

_____ _____ to the park.

4 次の英語を日本語にしましょう。

(1) Play the guitar.

[　　　　　　　　　　　　　　　　　　　　　　　　　　]

(2) Speak English, please.
speak＝〜を話す

[　　　　　　　　　　　　　　　　　　　　　　　　　　]

4章

命令文

「～してはいけません」

禁止の文は主語を入れないことに注意しよう！

 「～してはいけません」と何かを**禁止**するときは，〈Don't＋動詞の原形（もとの形）～.〉で表します。

命令文　Speak English. （英語を話しなさい。）

禁止の文　Don't speak English. （英語を話してはいけません。）

もとの形

文のはじめに Don't よ！

 また，「～しないでください」と**ていねいに禁止**する場合は，文のはじめにPleaseを置くか，文の最後に〈コンマ (,) ＋please.〉を置きます。

Please don't talk. （話さないでください。）
= 　Don't talk, please .

コンマ

コンマを忘れずに！

Please don't be late. （遅れないでください。）
= 　Don't be late, please .

コンマ

文のはじめか最後に please じゃ！

遅刻はだめですよ！

解答合わせのあとは，音声に
合わせて英語を音読してみよう。

解いてみよう！ 解答 p.9

1 次の日本語に合うように，＿＿＿＿に適当な語を入れて，英語を完成させましょう。

(1) ここで泳いではいけません。

ここで＝here　泳ぐ＝swim

＿＿＿＿＿＿ swim here.

(2) ここで走らないでください。

＿＿＿＿＿＿ don't run here.

2 次の英語を，あとの（　　）内の指示にしたがって書きかえましょう。

(1) Take a picture. （禁止する文に）

take a picture＝写真を撮る

＿＿＿＿＿＿ ＿＿＿＿＿＿ a picture.

(2) Use the desk. （ていねいに禁止する文に）

desk＝机

＿＿＿＿＿＿ ＿＿＿＿＿＿ use the desk.

3 次の日本語に合うように，[　　]内の語句を並べかえて，正しい英語にしましょう。ただし，文頭にくる語も小文字で書いてあります。

(1) 夜に公園に行ってはいけません。

夜に＝at night　公園＝park

[to / go / the park / don't] at night.

＿＿＿＿＿＿＿＿＿＿＿＿＿＿＿＿＿＿ at night.

(2) 遅れてはいけません。 [late / don't / be].

遅れた＝late

＿＿＿＿＿＿＿＿＿＿＿＿＿＿＿＿＿＿ .

4 次の英語を日本語にしましょう。

(1) Don't play baseball now.

[　　　　　　　　　　　　　　　　　　　　　　]

(2) Don't sing, please.

[　　　　　　　　　　　　　　　　　　　　　　]

4章
命令文

㉑　　　㉒

1 次の（　）内から適当な語を選んで，□□に書きましょう。(4点×4)

(1) (Use / Uses) this pencil.

this＝この　pencil＝えんぴつ

ステージ **21**

(2) Let's (play / plays) tennis.

ステージ **21**

(3) (Am / Be) kind.　　　　kind＝親切な

ステージ **21**

(4) Don't (speak / speaks) Japanese.

ステージ **22**

2 次の日本語に合うように，＿＿に入る適当な語を□□に書きましょう。(5点×5)

(1) 数学を勉強しなさい。
　　＿＿＿＿ math.

ステージ **21**

(2) ピアノを演奏してください。
　　Play the piano, ＿＿＿＿.

ステージ **21**

(3) 歌いましょう。
　　＿＿＿＿ sing.

ステージ **21**

(4) 注意しなさい。　　　　注意深い＝careful
　　＿＿＿＿ careful.

ステージ **21**

(5) ここでバスケットボールをしてはいけません。

ここで＝here

ステージ **22**

　　＿＿＿＿ play basketball here.

3 次の日本語に合うように，[　]内の語を並べかえて，正しい英語にしましょう。
ただし，文頭にくる語も小文字で書いてあります。(6点×4)

(1) あのかばんを買ってください。　　　　　　　　　あの＝that　～を買う＝buy

[that / please / buy / bag].

＿＿＿＿＿＿＿＿＿＿＿＿＿＿＿＿＿＿＿＿＿＿＿＿＿＿ . ステージ 21

(2) 学校に行きましょう。　　　　　　　　　　　　　学校＝school

[let's / to / go / school].

＿＿＿＿＿＿＿＿＿＿＿＿＿＿＿＿＿＿＿＿＿＿＿＿＿＿ . ステージ 21

(3) このペンを使わないでください。　　　　　　　　この＝this

[use / pen / this / don't], please.

＿＿＿＿＿＿＿＿＿＿＿＿＿＿＿＿＿＿＿＿＿＿ , please. ステージ 22

(4) 遅れてはいけません。

[be / don't / late].

＿＿＿＿＿＿＿＿＿＿＿＿＿＿＿＿＿＿＿＿＿＿＿＿＿＿ . ステージ 22

4 次の英語を日本語にしましょう。(7点×5)

(1) Play the piano.

[　　　　　　　　　　　　　　　　　　　　　　] ステージ 21

(2) Study English, please.

[　　　　　　　　　　　　　　　　　　　　　　] ステージ 21

(3) Let's clean this desk.　　　　clean＝～を掃除する　this＝この　desk＝机

[　　　　　　　　　　　　　　　　　　　　　　] ステージ 21

(4) Don't run.

[　　　　　　　　　　　　　　　　　　　　　　] ステージ 22

(5) Please don't eat that apple.　　　　that＝あの　apple＝リンゴ

[　　　　　　　　　　　　　　　　　　　　　　] ステージ 22

4章

命令文

ステージ

㉑ Use this computer. （このコンピューターを使いなさい。）

> 主語をとって動詞の原形（もとの形）で文をはじめる

Please be careful. （注意してください。）

> 文頭に Please
> で，ていねいに

> be 動詞の原形
> （もとの形）はbe

= Be careful, please.

> 文の最後に〈コンマ(,)＋ please〉

Let's go to the park. （公園に行きましょう。）

> 〈Let's ＋動詞の原形（もとの形）〉

㉒ Don't speak English. （英語を話してはいけません。）

> 〈Don't ＋動詞の原形（もとの形）〉

Please don't be late. （遅れないでください。）

> 文頭に Please
> で，ていねいに

> be 動詞の原形
> （もとの形）はbe

= Don't be late, please.

> 文の最後に〈コンマ(,)＋ please〉

魔法のつえをGET！

次の真珠の
湖へGO!

5章 形容詞・副詞・前置詞・代名詞

魔法のつえを使ってワープした先は，真珠の湖。エイミーとゴータは，そこに住むイルカから「形容詞・副詞・前置詞・代名詞」を教わることになる。2人は，それぞれの使い方や働きを知る。無事にマスターして，魔法のブレスレットを手に入れることはできるのか…？

ものの様子や状態の表し方

形容詞は名詞の前やbe動詞のあとに置こう！

ここがカギ！ 形容詞は**名詞のすぐ前**に置いて，その様子や状態などを表すことができます。a [an]，theやmy「私の」，your「あなたの」などがある場合も，形容詞は**名詞の直前**に入れます。

This is a good book .（これはよい本です。）
形容詞　名詞

This is my red car .（これは私の赤い車です。）
aやmyがある場合も形容詞は名詞のすぐ前！

形容詞は名詞の前に置くんじゃ！

ここがカギ！ 〈主語＋be動詞＋形容詞〉とすると，**主語の様子や状態を説明する**ことができます。

She is nice .（彼女はすてきです。）
主語　be動詞　形容詞

形容詞がbe動詞のあとにきているね！

解いてみよう！

解答 p.10

答え合わせのあとは，音声に
合わせて英語を音読してみよう。

月　　日

1 次の日本語に合うように，＿＿＿に□から適当な語を入れて，英語を完成させましょう。

(1) あなたの家は新しいです。　家＝house

Your house is ＿＿＿＿＿.

(2) それはすてきな家です。

It's a ＿＿＿＿＿ house.

| big |
| nice |
| new |
| red |

2 次の英語を，あとの（　）内の語をつけ加えて書きかえましょう。

(1) Mr. White is a man. （ young ）　　young＝若い

Mr. White is a ＿＿＿＿＿ ＿＿＿＿＿.

(2) This is my cap. （ favorite ）　cap＝帽子　favorite＝お気に入りの

This is ＿＿＿＿＿ ＿＿＿＿＿ cap.

3 次の日本語に合うように，[　]内の語を並べかえて，正しい英語にしましょう。ただし，文頭にくる語も小文字で書いてあります。

(1) あれは美しい湖です。　　　美しい＝beautiful　湖＝lake

[beautiful / is / lake / that / a].

＿＿＿＿＿＿＿＿＿＿＿＿＿＿＿＿＿＿＿＿.

(2) あなたのお兄さんは背が高いです。[is / brother / tall / your]. 背が高い＝tall

＿＿＿＿＿＿＿＿＿＿＿＿＿＿＿＿＿＿＿＿.

4 次の英語を日本語にしましょう。

(1) My bag is black.　　　　　　　　　　black＝黒色の

[

]

(2) I know a good restaurant.　　　　restaurant＝レストラン

[

]

24 動きの様子や程度の表し方

副詞の種類によって，入れる場所が異なることに注意しよう！

ここが カギ！
文に情報をつけ加えるものを副詞といいます。**動作の様子**や，**時・場所を表す副詞**は，動詞（＋目的語）のあとに置きます。

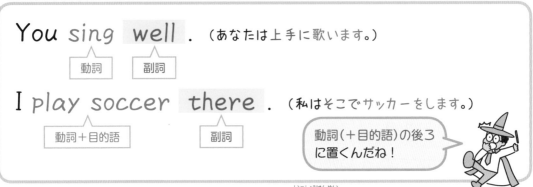

You sing well. （あなたは上手に歌います。）
　　　　動詞　　副詞

I play soccer there. （私はそこでサッカーをします。）
　　動詞＋目的語　　　副詞

動詞（＋目的語）の後ろに置くんだね！

ほかにも，動作の様子を表す副詞にはearly「早く」やhard「一生懸命に」，時・場所を表す副詞にはnow「今」やhere「ここで [に]」などがあります。

ここが カギ！
so「とても」やvery「とても」などのような**程度を表す副詞**は，形容詞や副詞の前に置きます。

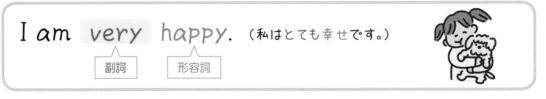

I am very happy. （私はとても幸せです。）
　　　副詞　形容詞

ここが カギ！
often「よく」やalways「いつも」などのような**頻度を表す**副詞は，**一般動詞の文**では動詞の前，**be動詞の文**ではbe動詞のあとに置きます。

I sometimes play basketball.
　　　副詞　　動詞（＋目的語）
（私はときどきバスケットボールをします。）

I am usually at home on Sunday.
be動詞　　副詞
（私は日曜日，ふつうは家にいます。）

解答 p.10　答え合わせのあとは，音声に合わせて英語を音読してみよう。

解いてみよう！

1 次の日本語に合うように，＿＿＿＿ に □ から適当な語を入れて，英語を完成させましょう。

(1)　私はここで，英語を勉強します。

　　I study English ＿＿＿＿＿＿.

(2)　あなたはとても一生懸命に英語を勉強します。

　　You study English ＿＿＿＿＿ hard.

| very　now　here　well |

2 次の日本語に合うように，＿＿＿＿ に適当な語を書きましょう。

(1)　彼は上手に泳ぎます。　　　　　　　　　　　　　泳ぐ＝swim

　　He swims ＿＿＿＿＿＿.

(2)　私の兄はときどきテレビを見ます。　　　テレビ＝TV　〜を見る＝watch

　　My brother ＿＿＿＿＿ watches TV.

3 次の英語を，あとの（　）内の語をつけ加えて書きかえましょう。

(1)　My desk is old.（ very ）　　　　　　　desk＝机　old＝古い

　　My desk is ＿＿＿＿＿ ＿＿＿＿＿.

(2)　I go to the park.（ often ）　　　　　　　park＝公園

　　I ＿＿＿＿＿ ＿＿＿＿＿ to the park.

4 次の英語を日本語にしましょう。

(1)　This cat is so cute.　　　　　this＝この　cute＝かわいい

　　[　　　　　　　　　　　　　　　　　　　　　　　]

(2)　My mother gets up early.　　　mother＝母　get up＝起きる

　　[　　　　　　　　　　　　　　　　　　　　　　　]

25 場所や日時などの表し方

前置詞の使い方

 前置詞を使って,〈場所〉や〈時〉を表そう!

ここがカギ! 名詞の前に置いて,「どこで」「いつ」などの情報を文に加えるものを前置詞といいます。次のように,前置詞を使って〈場所〉を表すことができます。

at the station
「駅で」

on the desk
「机の上に」

near my house
「私の家の近くに」

in the box
「箱の中に」

under the tree
「木の下に」

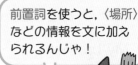
前置詞を使うと,〈場所〉などの情報を文に加えられるんじゃ!

ここがカギ! 次のように,前置詞を使って〈時〉を表すこともできます。

at five 「5時に」(時刻)   before lunch 「昼食の前に」
in spring 「春に」(季節)   after dinner 「夕食のあとに」
on Monday 「月曜日に」(曜日)

 まとめ

覚えておきたい前置詞

with Emi 「エミといっしょに」   by bus 「バスで」
about music 「音楽について」   for my mother 「私の母のために」
from Osaka to Tokyo 「大阪から東京へ」   of the book 「その本の」

解いてみよう！

解答 p.10

答え合わせのあとは，音声に
合わせて英語を音読してみよう。

125

5章 形容詞・副詞・前置詞・代名詞

1 次の日本語に合うように，＿＿＿ に ☐ から適当な語を入れて，英語を完成させましょう。

(1) 私は 7 時に起きます。　7 時＝ seven　起きる＝ get up

I get up ＿＿＿＿＿ seven.

(2) 私の時計が机の上にあります。　　時計＝ clock

My clock is ＿＿＿＿＿ the desk.

for　on　under　at

2 次の日本語に合うように，（　　）内から適当な語を選んで，○で囲みましょう。

(1) 私は水曜日に柔道を練習します。　　　～を練習する＝ practice

I practice *judo* (on / at) Wednesdays.

(2) 私はかばんの中にＣＤを持っています。

I have a CD (in / on) my bag.

3 次の日本語に合うように，＿＿＿ に適当な語を書きましょう。

(1) 私たちはクラブで本について話します。　　クラブ＝ club　話す＝ talk

We talk ＿＿＿＿＿ books in the club.

(2) あなたは冬にスキーをしますか。　　冬＝ winter　スキーをする＝ ski

Do you ski ＿＿＿＿＿ winter?

4 次の英語を日本語にしましょう。

(1) He studies math after lunch.

[　　　　　　　　　　　　　　　　　　　　　]

(2) I go to the station by bike.　　　station ＝駅　bike ＝自転車

[　　　　　　　　　　　　　　　　　　　　　]

23　24　25　26　27　28　29

主格の代名詞の使い方

「～は [が]」の表し方

代名詞を使って，何度も同じ単語を使うのを避けよう！

ここがカギ！ 一度話に出てきたりして，何をさしているのか自分と相手がわかっている状態で，それを**代わりのことばでいいかえる**ときに**代名詞**を使います。

This is Kenta.　He is a student.

　　　　名詞　　　　代名詞

（こちらはケンタです。）　　　（彼は生徒です。）

「ケンタ」を「彼は」といいかえてるんじゃ！

ここがカギ！ 「～は [が]」というように，**文の主語になる**代名詞を**主格の代名詞**といいます。いろいろな主格の代名詞を覚えましょう。

私は　I　　あなたは　You　　He　彼は　　She　彼女は　　It　それは

ここがカギ！ **複数の人を表す**主語も，主格の代名詞で表すことができます。

Hayato and I are good friends.　（ハヤトと私はよい友達です。）
= We　　　　　　　　　　　　　　　（＝私たちは）

You and Hayato play soccer.　（あなたとハヤトはサッカーをします。）
= You　　　　　　　　　　　　　　　（＝あなたたちは）

Hayato and Mika go to school.　（ハヤトとミカは学校に行きます。）
= They　　　　　　　　　　　　　　（＝彼らは）

解いてみよう！

解答 p.10　答え合わせのあとは，音声に合わせて英語を音読してみよう。

1 次の日本語に合うように，_____ に適当な語を入れて，英語を完成させましょう。

(1) 私はその歌手が大好きです。

歌手＝singer　～が大好きだ＝love

_____ love the singer.

(2) 彼女は上手に歌います。

_____ sings well.

2 次の英語の下線部を代名詞にかえましょう。

(1) My sister plays the piano.

_____ plays the piano.

(2) You and Tom are from Australia.

Australia＝オーストラリア

_____ are from Australia.

(3) Ayako and I go to the library every Saturday.　library＝図書館　Saturday＝土曜日

_____ go to the library every Saturday.

3 次の日本語に合うように，[　　]内の語に1語を加えて並べかえ，正しい英語にしましょう。

(1) 彼は先生です。 [a / is / teacher].

_____ .

(2) それらは私のCDです。 [CDs / are / my].

_____ .

4 次の英語を日本語にしましょう。

(1) Is it your pen?

[　　　　　　　　　　　　　　　　　　　　　]

(2) You are baseball players.

player＝選手

[　　　　　　　　　　　　　　　　　　　　　]

「〜の…」の表し方

 ものの持ち主を表そう！

 ここがカギ！ 「**〜の**」と〈持ち主〉を表す代名詞を**所有格の代名詞**といいます。所有格の代名詞は**名詞の前**に置いて使います。

This is　my bag .　（これは私のかばんです。）

代名詞　名詞

名詞の前に置いて，その〈持ち主〉を表すんだね！

 私の！

 ここがカギ！ 所有格の代名詞とは別に，〈人名・人を表す名詞＋'s〉でも〈持ち主〉を表すことができます。

Takuya's father　is a doctor.　（タクヤのお父さんは医者です。）

 〈人名＋'s〉の形じゃ！

「'」（アポストロフィー）のつけ忘れに注意しよう！

まとめ 「〜の」を表す代名詞

所有格の代名詞			
単数		複数	
my	私の	**our**	私たちの
your	あなたの	**your**	あなたたちの
his	彼^{かれ}の	**their**	彼らの 彼女たちの それらの
her	彼女^{かのじょ}の		
its	その，それの		

解いてみよう！　解答 p.11

答え合わせのあとは，音声に合わせて英語を音読してみよう。

5章

形容詞・副詞・前置詞・代名詞

1 次の日本語に合うように，_____ に □ から適当な語を入れて，英語を完成させましょう。

(1) これはあなたのギターですか。

Is this _____ guitar?

(2) いいえ。あれが私のギターです。

No. That is _____ guitar.

your　our　my　her

2 次の英語の（　）内の語を適当な形にかえましょう。

(1) That's（ we ）dictionary.　　　dictionary＝辞書　　_____

(2) I like that pen.（ It ）color is nice. that＝あの　nice＝すてきな　_____

(3) I know（ Tom ）brother.　　　　_____

3 次の日本語に合うように，[　　]内の語を並べかえて，正しい英語にしましょう。

(1) アキは彼女の部屋にいます。[in / Aki / her / is / room].　部屋＝room

_____.

(2) 私は私の姉のコンピューターを使います。　　コンピューター＝computer

[my / use / computer / sister's / I].

_____.

4 次の英語を日本語にしましょう。

(1) Please come to our school.　　come＝来る　school＝学校

[　　　　　　　　　　　　　　　　　　　　　　　　　　　　　]

(2) Their notebooks are on my teacher's desk.　notebook＝ノート　desk＝机

[　　　　　　　　　　　　　　　　　　　　　　　　　　　　　]

目的格の代名詞の使い方

「〜を[に]」の表し方

動詞のあと，前置詞のあとの代名詞は，目的格を使おう！

ここが
カギ！

「〜を」や「〜に」にあたる部分で，**動詞の目的語**として働く代名詞を**目的格の代名詞**といいます。これは**動詞のあとに代名詞**が続く場合です。

Shun helps **her** . （シュンは彼女（かのじょ）を手伝います。）

動詞　　代名詞

動詞のあとは目的格の代名詞！

ありがとう

ここが
カギ！

前置詞のあとに代名詞が続くときも，目的格の代名詞を使います。

This is a book for **her** . （これは彼女のための本です。）

前置詞　代名詞

前置詞のあとも目的格の代名詞だね！

まとめ

「〜を[に]」を表す代名詞

目的格の代名詞			
単数		複数	
me	私を[に]	**us**	私たちを[に]
you	あなたを[に]	**you**	あなたたちを[に]
him	彼（かれ）を[に]	**them**	彼らを[に] 彼女たちを[に] それらを[に]
her	彼女を[に]		
it	それを[に]		

解いて みよう！

解答 p.11

答え合わせのあとは，音声に合わせて英語を音読してみよう。

128

5章 形容詞・副詞・前置詞・代名詞

1 次の日本語に合うように，_____ に □ から適当な語を入れて，英語を完成させましょう。

(1) あちらはトムです。私は彼が好きです。

That's Tom.　I like _____.

(2) 彼はよく私を手伝ってくれます。 ～を手伝う＝help

He often helps _____.

his
him
me
my

2 次の日本語に合うように，_____ に適当な語を書きましょう。

(1) あなたは彼女に電話しますか。 ～に電話する＝call

Do you call _____?

(2) 私は彼らと歩きます。 歩く＝walk

I walk with _____.

3 次の日本語に合うように，［　　］内の語を並べかえて，正しい英語にしましょう。ただし，不要な語が1語あります。文頭にくる語も小文字で書いてあります。

(1) 私たちにはあなたが必要です。 ～が必要である＝need

［ need / we / your / you ］.

_____.

(2) 彼女はそれについて話します。　［ about / its / she / it / talks ］. 話す＝talk

_____.

4 次の英語を日本語にしましょう。

(1) Do they know us?

[　　　　　　　　　　　　　　　　　　　　　　　　　　　]

(2) We love it. love＝～が大好きだ

[　　　　　　　　　　　　　　　　　　　　　　　　　　　]

「〜のもの」の表し方

1語で「〜のもの」という意味を表す所有代名詞を覚えよう！

 「〜のもの」と1語で表す代名詞を**所有代名詞**といいます。

Is this your ticket ?　（これはあなたのチケットですか。）

Yes, it's mine .　（はい，それは私のものです。）

> 1語で「〜のもの」と表せるのが所有代名詞じゃ！

 所有代名詞は〈所有格の代名詞＋名詞〉を1語で表します。また，〈人名・人を表す名詞＋'s〉でも「〜のもの」を表すことができます。

This is my cake .　（これは私のケーキです。）

私の ↓

This is mine .　（これは私のものです。）

私のもの

> Yui's だと「ユイのもの」！

食べちゃ
ダメ！

 代名詞の復習

	主格「〜は」	所有格「〜の」	目的格「〜を[に]」	所有代名詞「〜のもの」		主格「〜は」	所有格「〜の」	目的格「〜を[に]」	所有代名詞「〜のもの」
私	I	my	me	mine	私たち	we	our	us	ours
あなた	you	your	you	yours	あなたたち	you	your	you	yours
彼	he	his	him	his	彼ら彼女たちそれら	they	their	them	theirs
彼女	she	her	her	hers					
それ	it	its	it	—					

解いて みよう！

解答 p.11　答え合わせのあとは，音声に合わせて英語を音読してみよう。

5章　形容詞・副詞・前置詞・代名詞

1 次の日本語に合うように，_____ に□から適当な語を入れて，英語を完成させましょう。

(1) このかばんはあなたのものですか。
この＝this

　　Is this bag _____ ?

(2) はい。それは私のものです。

　　Yes. It's _____ .

| your |
| yours |
| my |
| mine |

2 次の日本語に合うように，_____ に適当な語を書きましょう。

(1) あの家は彼らのものです。
あの＝That　家＝house

　　That house is _____ .

(2) このピアノはエミ(Emi)のものですか。― いいえ。それは彼女のものではありません。

　　Is this piano _____ ? ― No. It's not _____ .

3 次の英語の下線部を所有代名詞にかえましょう。

(1) Is that <u>his desk</u>?
desk＝机

　　Is that desk _____ ?

(2) These are <u>your rooms</u>.
these＝これら　room＝部屋

　　These rooms are _____ .

4 次の下線部の英語を日本語にしましょう。

(1) This isn't my camera. <u>It's my brother's.</u>
camera＝カメラ

　　[　　　　　　　　　　　　　　　　　　　　]

(2) Their school is old. <u>Ours is new.</u>
school＝学校　old＝古い

　　[　　　　　　　　　　　　　　　　　　　　]

1▶ 次の（　）内から適当な語を選んで，⬚に書きましょう。(4点×4)

(1) I play the guitar (in / at / on) Sundays.

Sunday＝日曜日

▶ステージ 25

(2) (He / His / Him) bike is red.　bike＝自転車

▶ステージ 27

(3) I go to school (by / from / about) bus.

school＝学校

▶ステージ 25

(4) This book is (my / me / mine).

▶ステージ 29

2▶ 次の日本語に合うように，＿＿に入る適当な語を⬚に書きましょう。(5点×5)

(1) あなたのペンは新しいです。
＿＿＿＿ pen is ＿＿＿＿.

▶ステージ 23 27

(2) 彼女たちは上手に日本語を話します。
＿＿＿＿ speak Japanese ＿＿＿＿.

〜を話す＝speak

▶ステージ 24 26

(3) 私は彼とテニスをします。
＿＿＿＿ play tennis with ＿＿＿＿.

▶ステージ 26 28

(4) 彼らはよく彼女の家へ行きます。　家＝house
They ＿＿＿＿ go to ＿＿＿＿ house.

▶ステージ 24 27

(5) 私たちの部屋はすてきです。　部屋＝room
＿＿＿＿ room is ＿＿＿＿.

▶ステージ 23 27

3 次の日本語に合うように，[　　]内の語を並べかえて，正しい英語にしましょう。
ただし，文頭にくる語も小文字で書いてあります。(6点×4)

(1) 私たちはときどきこのコンピューターを使います。　　　コンピューター＝computer

[use / we / sometimes] this computer.

_____ this computer. ステージ 24 26

(2) 彼女のかばんは黄色です。

[her / yellow / bag / is].

_____ . ステージ 23 27

(3) あなたは彼らが好きですか。

[you / like / do / them]?

_____ ? ステージ 26 28

(4) これはよい車です。　　　　　　　　　　　　　　　　車＝car

[car / good / is / a / this].

_____ . ステージ 23

4 次の英語を日本語にしましょう。(7点×5)

(1) We know him.

[　　　　　　　　　　　　　　　　　　　] ステージ 26 28

(2) She doesn't have a pen in her bag.

[　　　　　　　　　　　　　　　　　　　] ステージ 25 26 27

(3) Is this T-shirt Yuta's?

[　　　　　　　　　　　　　　　　　　　] ステージ 29

(4) I eat breakfast with my family.

[　　　　　　　　　　　　　　　　　　　] ステージ 25 26 27

(5) I usually read books after lunch.　　　　read＝～を読む

[　　　　　　　　　　　　　　　　　　　] ステージ 24 25 26

5章 形容詞・副詞・前置詞・代名詞

ステージ

23 **This is a good book.** （これはよい本です。）

形容詞は名詞を修飾

24 〈様子〉〈時・場所〉を表す副詞：動詞（＋目的語）のあと

〈程度〉を表す副詞：形容詞や副詞の前

〈頻度〉を表す副詞：一般動詞の前またはbe動詞のあと

25 **at the station** （駅で） ／ **at five** （5時に）

名詞の前に置いて〈場所〉を表す　　名詞の前に置いて〈時〉を表す

26 **This is Kenta. He is a student.**

一度話に出たものは代名詞でいいかえる

（こちらはケンタです。）（彼は生徒です。）

27 **This is my bag.** （これは私のかばんです。）

「～の」と〈持ち主〉を表す所有格の代名詞

28 **Shun helps her.** （シュンは彼女を手伝います。）

「～を」「～に」を表す目的格の代名詞

29 **This is mine.** （これは私のものです。）

「～のもの」と〈持ち主〉を1語で表す所有代名詞

魔法のブレスレットをGET！

次の謎の洞窟へGO!

6章 いろいろな疑問文

歩いていくと，3人は謎の洞窟にたどり着く。出口をさがす3人の前に，洞窟に住むドラキュラが現れ，エイミーとゴータは「いろいろな疑問文」を教わる。疑問詞を使い分けることで，さまざまなことをたずねられるようだ。2人はそれらをしっかりと理解し，魔法の羅針盤を手に入れて洞窟を抜けることはできるのか…？

「いつ [どこで] 〜しますか」

When, Where を使って，「時」「場所」についてたずねてみよう！

 ここが カギ！
「いつ」とたずねる文では，文のはじめに When を置き，そのあとに疑問文の形を続けます。答えるときは，**具体的な〈時〉**を答えます。

疑問文	When do you watch TV?

（あなたはいつテレビを見ますか。）

答え方	I watch TV in the morning.

（私は朝，テレビを見ます。）

「いつ」とたずねるには，疑問文のはじめに When！

 ここが カギ！
「どこ」とたずねる文では，文のはじめに Where を置き，そのあとに疑問文の形を続けます。答えるときは，**具体的な〈場所〉**を答えます。

疑問文	Where do you live? |（あなたはどこに住んでいますか。）

答え方	I live in Osaka. |（私は大阪に住んでいます。）

「どこ」とたずねるなら Where だね！

月　　　日

130

1 次の日本語に合うように，_____ に □ から適当な語を入れて，英語を完成させましょう。

(1) あなたはどこで昼食を食べますか。

_____ do you eat lunch?

(2) 私は教室でそれを食べます。　教室＝classroom

I eat it _____ the classroom.

When　Where　on　in

2 次の英語を，下線部が答えの中心となる疑問文に書きかえましょう。

(1) Our school festival is in November.　school festival＝文化祭　November＝11月

_____ is your school festival?

(2) Aki lives in Kyoto.

_____ does Aki live?

3 次の日本語に合うように，[　　]内の語を並べかえて，正しい英語にしましょう。ただし，文頭にくる語も小文字で書いてあります。

(1) あなたの家はどこですか。　[is / house / where / your]?　家＝house

_____?

(2) トムはいつ日本語を勉強しますか。[Tom / when / study / does / Japanese]?

_____?

4 次の英語を日本語にしましょう。

(1) When is her birthday?

[　　　　　　　　　　　　　　　　　　　　　　　　　　　　　　　]

(2) ((1)に答えて) February 10.　February＝2月

[　　　　　　　　　　　　　　　　　　　　　　　　　　　　　　　]

Who ~ ? / Whose ~ ?

「だれが［だれの］〜ですか」

Who, Whoseを使って、「人」や「持ち主」についてたずねよう！

 ここがカギ！ 「だれ」とたずねる文では、疑問文のはじめに**Who**を置きます。

| 疑問文 | **Who** is that boy? （あの男の子はだれですか。） |

| 答え方 | He is John. （彼はジョンです。） |

「だれ」とたずねるときは Who じゃ！

 ここがカギ！ 一般動詞の場合も、**Who**のすぐ後ろに**動詞**を置きます。Whoのあとの動詞は、s［es］がついた形にします。

| 疑問文 | **Who** uses this notebook? |

（だれがこのノートを使いますか。）

| 答え方 | My father does. （私の父です。） |

uses を does で
置きかえているね！

Who のあとの動詞は、
s［es］がつくよ！

 ここがカギ！ 「だれの〜」とたずねる文では、疑問文のはじめに〈**Whose＋名詞**〉を置きます。答えるときは、**具体的な〈持ち主〉**を答えます。

| 疑問文 | **Whose bag** is this? （これはだれのかばんですか。） |

Whose＋名詞

| 答え方 | It is Kumi's. （それはクミのものです。） |

月　　　日

6章　いろいろな疑問文

1 次の日本語に合うように，_____ に□から適当な語を入れて，英語を完成させましょう。

(1) こちらの女性はだれですか。

_____ is this woman?

(2) 彼女は私の母です。

She's my _____.

| Who |
| Whose |
| mother |
| mother's |

2 次の英語を，下線部が答えの中心となる疑問文に書きかえましょう。

(1) That girl is <u>Mary</u>.

_____ is that girl?

(2) That is <u>Mr. Kato's</u> house.　　　　　　　　house＝家

_____ _____ is that?

3 次の日本語に合うように，[　　]内の語を並べかえて，正しい英語にしましょう。ただし，文頭にくる語も小文字で書いてあります。

(1) それらはだれのCDですか。　　　　　　それら＝those

[CDs / are / whose] those?

_____ those?

(2) だれがあなたのクラスを教えていますか。　　　クラス＝class

[teaches / your / who / class]?

_____ ?

4 次の英語を日本語にしましょう。

(1) Whose car is that?　　　　　　car＝車

[　　　　　　　　　　　　　　　　　　　　　　]

(2) ((1)に答えて) It's mine.

[　　　　　　　　　　　　　　　　　　　　　　]

Which 〜?

「どちらが[どちらの]〜ですか」

Whichを使った質問のしかたを覚えよう！

 「どちらが[を]〜」とたずねる文では，文のはじめに Which を置き，そのあとに疑問文の形を続けます。

疑問文 **Which** is your desk? （どちらがあなたの机ですか。）

答え方 This desk is (mine). （この机（が私のもの）です。）

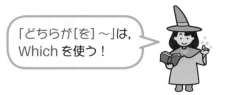

「どちらが[を]〜」は，Which を使う！

 「どちらの〜」とたずねる文では，文のはじめに〈Which＋名詞〉を置き，そのあとに疑問文の形を続けます。

疑問文 **Which desk** do you use?

Which＋名詞

（あなたはどちらの机を使いますか。）

答え方 I use this one. （私はこの机を使います。）

one は前の文の desk をさすのじゃ！

どっちを使う？

Which の文の最後に〈コンマ(,)＋A or B?〉とつなげると，「AとBではどちら(の…)が〜ですか」と，選択肢を出してたずねることができます。

例 Which is yours, this cup or that one? （このカップとあのカップでは，どちらがあなたのものですか。）

答え合わせのあとは，音声に
合わせて英語を音読してみよう。

132

解いてみよう！ 解答 p.13

1 次の日本語に合うように，＿＿＿ に適当な語を入れて，英語を完成させましょう。

(1) どちらの犬があなたのものですか。

＿＿＿＿＿＿ dog is yours?

この小さい犬です。　　小さい＝small

This small dog is.

(2) どちらがあなたの犬ですか。

Which ＿＿＿＿＿＿ your dog?

2 次の日本語に合うように，（　　）内から適当な語句を選んで，○で囲みましょう。

(1) どちらがタクの家ですか。

（ What / Which ）is Taku's house?

(2) どちらの女の子がユキですか。　（ Who / Which ）girl is Yuki?

(3) ((2)に答えて)こちらの女の子です。　（ My sister / This girl ）is.

3 次の日本語に合うように，[　　]内の語句を並べかえて，正しい英語にしましょう。ただし，文頭にくる語も小文字で書いてあります。

(1) どちらの男性が田中さんですか。　[man / Mr. Tanaka / is / which]?

＿＿＿＿＿＿＿＿＿＿＿＿＿＿＿＿＿＿＿＿＿＿＿＿＿＿＿＿＿ ?

(2) あなたはどちらのコンピューターを使いますか。　　コンピューター＝computer

[use / do / which / you / computer]?

＿＿＿＿＿＿＿＿＿＿＿＿＿＿＿＿＿＿＿＿＿＿＿＿＿＿＿＿＿ ?

4 次の英語を日本語にしましょう。

(1) Which is yours, this notebook or that notebook?

[

]

(2) ((1)に答えて) That one is mine.

[

]

How old 〜？ / How long 〜？ / How much 〜？

「どのくらいの〜ですか」

How 〜？で，年齢や長さ，値段をたずねてみよう！

〈年齢〉は How old のあとに疑問文の形を続けてたずねることができます。

| 疑問文 | How old are you? （あなたは何歳ですか。） |

| 答え方 | I'm thirteen. （私は13歳です。） |

具体的な〈年齢〉を答える！

How old を文のはじめに置くのじゃ！

〈長さ〉をたずねるには How long を使います。

| 疑問文 | How long do you sleep? （あなたはどのくらい眠りますか。） |

| 答え方 | I sleep for eight hours. （私は8時間眠ります。） |

具体的な〈時間の長さ〉を答える！

for を使って答えるんだね！

〈値段〉をたずねるには How much を使います。

| 疑問文 | How much is this pen? （このペンはいくらですか。） |

| 答え方 | It is ninety yen. （それは90円です。） |

具体的な〈値段〉を答える！

これ，いくらですか？

解いてみよう！

解答 p.13　答え合わせのあとは，音声に合わせて英語を音読してみよう。

月　　日

133

1 次の日本語に合うように，＿＿＿＿ に □ から適当な語を入れて，英語を完成させましょう。

(1) あの映画はどのくらいの長さですか。　映画＝movie

How ＿＿＿＿＿＿ is that movie?

２時間です。　時間＝hour

Two hours.

(2) それはいくらですか。

How ＿＿＿＿＿＿ is it?

many　much　old　long

2 次の日本語に合うように，（　　）内から適当な語を選んで，○で囲みましょう。

(1) 彼_{かれ}は何歳ですか。（ What / How ）old is he?

(2) 彼らはどのくらい長くテレビを見ますか。

How (much / long) do they watch TV?

3 次の日本語に合うように，［　　］内の語句を並べかえて，正しい英語にしましょう。ただし，文頭にくる語も小文字で書いてあります。

(1) あの川はどのくらいの長さですか。　川＝river

［ is / long / that river / how ］?

＿＿＿＿＿＿＿＿＿＿＿＿＿＿＿＿＿＿＿＿＿＿＿＿＿＿＿＿＿＿＿ ?

(2) あのTシャツはいくらですか。　［ that / how / T-shirt / much / is ］?

＿＿＿＿＿＿＿＿＿＿＿＿＿＿＿＿＿＿＿＿＿＿＿＿＿＿＿＿＿＿＿ ?

4 次の英語を日本語にしましょう。

(1) How old is your sister?

［　　　　　　　　　　　　　　　　　　　　　　　　　　　　　 ］

(2) ((1)に答えて) She is fifteen.

［　　　　　　　　　　　　　　　　　　　　　　　　　　　　　 ］

How ～?

「どう [どのように] ～しますか」

howを使って，「どう」「どのように」といった質問をしてみよう！

 〈How＋疑問文の形?〉で，「どのように」と〈方法〉をたずねることができます。How are you?「調子はどうですか」のように，Howを使って〈状態〉をたずねることもできますね。

疑問文	**How** *do you study English?*

（あなたはどのように英語を勉強しますか。）

How を文のはじめに置くのじゃ！

答え方	I *write English words.*

（私は英単語を書きます。）

 同じように，〈How＋疑問文の形?〉で〈手段〉をたずねることもできます。

疑問文	**How** *do you go to the park?*

（あなたはどうやって公園に行きますか。）

答え方	I *go there by bike.*

〈by＋乗り物〉で交通手段を答えるよ！

（私はそこに自転車で行きます。）

→または By bike.

 まとめ

howを使った疑問文

文の形	意味	たずねるもの
How ～?	「どう」「どのように」	〈方法〉，〈状態〉，〈手段〉
How many ～?	「いくつの」	ものの〈数〉
How old ～?	「何歳」	〈年齢〉
How long ～?	「どのくらい（の長さ）」	ものや時間の〈長さ〉
How much ～?	「いくら」	〈値段〉

134

解いてみよう！

解答 p.13

答え合わせのあとは，音声に
合わせて英語を音読してみよう。

1 次の日本語に合うように，_____ に□から適当な語を入れて，英語を完成させましょう。

(1) 調子はどうですか。

_____ are you?

(2) 私は元気です。　元気な＝fine

I am _____ .

| How |
| What |
| sorry |
| fine |

2 次の英語を，下線部が答えの中心となる疑問文に書きかえましょう。

(1) Mr. White's class is interesting.　　　　class＝授業　interesting＝興味深い

_____ is Mr. White's class?

(2) Ken goes to the library by bus.　　　　library＝図書館

_____ does Ken go to the library?

3 次の日本語に合うように，[　　]内の語を並べかえて，正しい英語にしましょう。
ただし，文頭にくる語も小文字で書いてあります。

(1) 私のクッキーはどうですか。　　　　クッキー＝cookie

[my / are / how / cookies]?

_____?

(2) あなたはどのように魚を料理しますか。　　魚＝fish　～を料理する＝cook

[do / cook / you / fish / how]?

_____?

4 次の英語を日本語にしましょう。

(1) How do you go to school?

[

]

(2) ((1)に答えて) By train.　　　　train＝電車

[

]

ステージ 35

What time 〜? / What day 〜?

「何時［何曜日］に〜しますか」

What time や What day を使って，時刻や曜日をたずねよう！

ここがカギ！ 〈What time＋疑問文の形？〉で，「何時？」と〈時刻〉をたずねることができます。

疑問文 What time do you get up?
（あなたは何時に起きますか。）

答え方 I get up at six.
（私は6時に起きます。）

What time 〜？で，〈時刻〉をたずねよう！

ここがカギ！ 〈What day＋疑問文の形？〉で，「何曜日？」と〈曜日〉をたずねることができます。〈日付〉をたずねる What is the date 〜？も覚えておきましょう。

疑問文 What day is it today?（今日は何曜日ですか。）

答え方 It is Friday. （金曜日です。）

What day 〜？で，〈曜日〉をたずねるんじゃ！

疑問文 What is the date today?
（今日は何月何日ですか。）

答え方 It's December 5.
（12月5日です。）

〈日付〉をたずねるには，What is the date 〜？を使うよ！

94

解答 p.13　答え合わせのあとは，音声に合わせて英語を音読してみよう。

135

1 次の日本語に合うように，＿＿＿＿に□から適当な語を入れて，英語を完成させましょう。

(1) 何時ですか。

What ＿＿＿＿＿＿ is it?

(2) 12時です。

＿＿＿＿＿＿ is twelve o'clock.

time
day
That
It

2 次の英語を，下線部が答えの中心となる疑問文に書きかえましょう。

(1) It is Sunday today.

What ＿＿＿＿＿＿ is it today?

(2) Yuki eats breakfast at seven.

What ＿＿＿＿＿＿ does Yuki eat breakfast?

3 次の日本語に合うように，[ ]内の語句を並べかえて，正しい英語にしましょう。ただし，文頭にくる語も小文字で書いてあります。

(1) 今日は何月何日ですか。

[the / what / date / is] today?

＿＿＿＿＿＿＿＿＿＿＿＿＿＿＿＿＿＿＿＿＿ today?

(2) 彼らは何時に寝ますか。　　　　　　　　　　　　　寝る＝go to bed

[they / go to bed / time / do / what]?

＿＿＿＿＿＿＿＿＿＿＿＿＿＿＿＿＿＿＿＿＿ ?

4 次の英語を日本語にしましょう。

(1) What day do you join the club activity?　join＝〜に参加する　club activity＝クラブ活動

[　　　　　　　　　　　　　　　　　　　　　　　　　　]

(2) ((1)に答えて) I join it on Tuesday.　　　　　　　Tuesday＝火曜日

[　　　　　　　　　　　　　　　　　　　　　　　　　　]

1 次の（　）内から適当な語を選んで，□に書きましょう。（4点×4）

(1) （ Who / When / Where ） is your birthday?

▶ステージ 30

(2) （ Who / When / Where ） is the girl over there?

over there＝あそこに

▶ステージ 31

(3) How （ old / long / much ） are you?

▶ステージ 33

(4) （ When / What / Where ） time is it now?

▶ステージ 35

2 次の日本語に合うように，＿＿に入る適当な語を□に書きましょう。（5点×5）

(1) 私のえんぴつはどこですか。

＿＿＿＿＿ is my pencil?

▶ステージ 30

(2) これはだれの本ですか。

＿＿＿＿＿ book is this?

▶ステージ 31

(3) どちらがあなたのかばんですか。

＿＿＿＿＿ is your bag?

▶ステージ 32

(4) 調子はどうですか。

＿＿＿＿＿ are you?

▶ステージ 34

(5) 今日は何曜日ですか。

What ＿＿＿＿＿ is it today?

▶ステージ 35

3 次の日本語に合うように，[　　]内の語句を並べかえて，正しい英語にしましょう。ただし，文頭にくる語も小文字で書いてあります。(6点×4)

(1) あの男性はだれですか。

[man / who / is / that]?

_____?　ステージ 31

(2) 彼女はいつバスケットボールを練習しますか。

[she / basketball / does / when / practice]?

_____?　ステージ 30

(3) あなたはどちらの辞書を使いますか。　　　　　辞書＝dictionary

[you / which / use / do / dictionary]?

_____?　ステージ 32

(4) 彼はどうやってその町に行きますか。　　　　　町＝town

[the town / how / he / does / to / go]?

_____?　ステージ 34

4 次の英語を日本語にしましょう。(7点×5)

(1) Which boy is Kenta?

[　　　　　　　　　　　　　　　]　ステージ 32

(2) Who reads this book?

[　　　　　　　　　　　　　　　]　ステージ 31

(3) How much is this watch?　　　　　watch＝腕時計

[　　　　　　　　　　　　　　　]　ステージ 33

(4) Where do they study English on Sunday?

[　　　　　　　　　　　　　　　]　ステージ 30

(5) What time do you go to bed?

[　　　　　　　　　　　　　　　]　ステージ 35

いろいろな疑問文 6章

ステージ

30 **When do you watch TV?** （あなたはいつテレビを見ますか。）

〈When ＋疑問文〉

Where do you live? （あなたはどこに住んでいますか。）

〈Where ＋疑問文〉

31 **Who uses this notebook?** （だれがこのノートを使いますか。）

文のはじめに Who   一般動詞は s のついた形にする

Whose bag is this? （これはだれのかばんですか。）

〈Whose ＋名詞〉を文のはじめに

32 **Which is your desk?** （どちらがあなたの机ですか。）

〈Which ＋疑問文〉

33 〈年齢〉: How old 〜?   〈長さ〉: How long 〜?
〈値段〉: How much 〜?

34 **How do you study English?** （あなたはどのように英語を勉強しますか。）

〈How ＋疑問文〉

35 **What time do you get up?** （あなたは何時に起きますか。）

〈What time ＋疑問文〉

What day is it today? （今日は何曜日ですか。）

〈What day ＋疑問文〉

魔法の羅針盤をGET！

次の時の村へ
GO!

7章 現在進行形の文・canを使った文

なんとか洞窟から抜け出すと，時の村という場所にたどり着いた。すると時の村の長老が現れ，彼から「現在進行形の文」と「canを使った文」を教わることに。現在進行形は〈be動詞＋動詞のing形〉で表すことや，canのあとには動詞のもとの形を置くことが重要らしい。エイミーとゴータはそれらをマスターして魔法の砂時計をもらうことができるのか…？

「〜しています」

今どのような状態なのかを，現在進行形を使って説明しよう！

ここが
カギ！

「〜しています」という「**今，動作が進行している状態**」を表す文を現在進行形の文といいます。現在進行形は〈be動詞＋動詞のing形〉で表します。

I　am playing　tennis now. （私は今，テニスをしています。）

　　└ be動詞 ┘└ 動詞のing形 ┘

be動詞に動詞のing形
を続けるんじゃ！

ここが
カギ！

ing形の作り方は，動詞によって異なります。

そのままingをつける	最後のeをとってingをつける	最後の文字を重ねてingをつける
eat 「〜を食べる」	make 「〜を作る」	run 「走る」
↓	↓	↓
eating	making	running

ここが
カギ！

ただし，**進行形にできない動詞**もあります。

● **進行形にできない動詞**

┌ 状態や気持ちを表す動詞 ─

like 「〜が好きだ」，　know 「〜を知っている」
want 「〜がほしい」，　have 「〜を持っている」

have は「〜を食べる」
という意味なら進行形
にできるよ！

解いてみよう！　解答 p.14　答え合わせのあとは，音声に合わせて英語を音読してみよう。
136

1 次の日本語に合うように，_____ に □ から適当な語を入れて，英語を完成させましょう。

(1) ヒロはギターを演奏しています。

Hiro is _____ the guitar.

(2) アキとマリは歌っています。

Aki and Mari _____ singing.

| plays |
| playing |
| is |
| are |

2 次の日本語に合うように，（　　）内の語を適当な形にかえて，書きましょう。

(1) 彼らはテレビを見ています。

They are _____ TV.（ watch ）

(2) 彼はプールで泳いでいます。　　　　　　　　　　　　　　プール＝pool

He is _____ in the pool.（ swim ）

3 次の日本語に合うように，[　　]内の語句を並べかえて，正しい英語にしましょう。ただし，文頭にくる語も小文字で書いてあります。

(1) 私の兄は走っています。

[is / running / my brother].

_____.

(2) 彼女は辞書を使っています。　　　　　　　　　　　　　辞書＝dictionary

[a dictionary / is / she / using].

_____.

4 次の英語を日本語にしましょう。

(1) We are studying Chinese.　　　　　　　　　　　　　Chinese＝中国語

[　　　　　　　　　　　　　　　　　　　　　　　　　　]

(2) He is having breakfast.

[　　　　　　　　　　　　　　　　　　　　　　　　　　]

7章　現在進行形の文・can を使った文

現在進行形の否定文

「〜していません」

現在進行形の否定文を作るときは，notの場所に注意しよう！

 ここがカギ！ 「〜していません」という現在進行形の否定文では，**be動詞のあとにnot**を置きます。

My cat is not sleeping now.

（私のネコは今，眠っていません。）

be動詞のあとに not だよ！

 ここがカギ！ is notやare notはisn't，aren'tと短くすることができますが，**am not**は短くした形がありません。

He isn't playing the piano. （彼はピアノを演奏していません。）

I'm not washing the dishes. （私はお皿を洗っていません。）

 I am を I'm にすることはできるよ！

 ここがカギ！ 現在進行形の文は一般動詞が含まれていますが，**doやdoes**は使いません。

We aren't watching TV.

✗don't

（私たちはテレビを見ていません。）

She isn't reading a book.

✗doesn't

（彼女は本を読んでいません。）

現在進行形の文は
do や does を使わ
ないんじゃ！

137

1 次の日本語に合うように，_____ に適当な語を入れて，英語を完成させましょう。

(1) 彼は走っていません。

He is _____ running.

(2) 彼女は彼と話していません。

She _____ talking with him.

2 次の英語を，否定文に書きかえましょう。

(1) They are practicing *kendo*.

They _____ _____ practicing *kendo*.

(2) I'm writing a letter now.　　　　　　　　　　letter＝手紙

I'm _____ writing a letter now.

3 次の日本語に合うように，[　　]内の語句を並べかえて，正しい英語にしましょう。ただし，文頭にくる語も小文字で書いてあります。

(1) 私たちは夕食を料理していません。　　　　　　　　　　～を料理する＝cook

[not / are / cooking / we / dinner].

_____.

(2) 私の妹はピアノを演奏していません。

[the piano / my sister / playing / isn't].

_____.

4 次の英語を日本語にしましょう。

(1) I am not cleaning my room.　　　　　clean＝～を掃除する　room＝部屋

[　　　　　　　　　　　　　　　　　　　　　　　　　]

(2) He isn't taking a picture now.

[　　　　　　　　　　　　　　　　　　　　　　　　　]

7章

現在進行形の文・canを使った文

現在進行形の疑問文

「～していますか」

現在進行形の疑問文は，be動詞からはじめることに注意しよう！

ここが カギ！ 「～していますか」という現在進行形の疑問文は，〈be動詞＋主語＋動詞の ing形 ～?〉の語順です。

ふつうの文
You are cooking lunch.
（あなたは昼食を料理しています。）

疑問文
Are you cooking lunch?
（あなたは昼食を料理していますか。）

be動詞を主語の前に置くんじゃ！

ここが カギ！ 答えるときは，YesかNoのあとに〈主語＋be動詞〉を続けます。

疑問文
Is she playing the guitar?
（彼女はギターを演奏していますか。）

答え方
Yes, she <u>is</u>. （はい，演奏しています。）
No, she <u>is not</u>. （いいえ，演奏していません。）
→または No, she isn't.

be動詞を使って
答えるんだね！

解答 p.15　答え合わせのあとは，音声に合わせて英語を音読してみよう。

138

1 次の日本語に合うように，＿＿＿に適当な語を入れて，英語を完成させましょう。

(1) あなたは紅茶を飲んでいますか。　　紅茶＝tea

＿＿＿＿＿ you drinking tea?

(2) はい，飲んでいます。

Yes, I ＿＿＿＿＿.

2 次の英語を，あとの（　）内の指示にしたがって書きかえましょう。

(1) Tom is reading a book. （疑問文に）

＿＿＿＿＿ Tom ＿＿＿＿＿ a book?

(2) Are they dancing? （Noで答える文に）　　dance＝踊る

No, ＿＿＿＿＿ ＿＿＿＿＿.

3 次の日本語に合うように，［　］内の語句を並べかえて，正しい英語にしましょう。ただし，文頭にくる語も小文字で書いてあります。

(1) あなたは数学を勉強していますか。

［ math / are / studying / you ］?

＿＿＿＿＿＿＿＿＿＿＿＿＿＿＿＿＿＿＿＿＿＿＿＿?

(2) 彼女は映画を見ていますか。　　映画＝movie

［ is / a movie / watching / she ］?

＿＿＿＿＿＿＿＿＿＿＿＿＿＿＿＿＿＿＿＿＿＿＿＿?

4 次の英語を日本語にしましょう。

(1) Is your brother speaking English?

［
　　　　　　　　　　　　　　　　　　　　　　　　　　　　　　　　］

(2) （(1)に答えて）Yes, he is.

［
　　　　　　　　　　　　　　　　　　　　　　　　　　　　　　　　］

36　37　38　39　40　41　42

105

疑問詞のある現在進行形の疑問文

「何を〜していますか」

今していることについて，くわしくたずねてみよう！

 ここがカギ！ ステージ **38** で学習した現在進行形の疑問文の形で，文のはじめに疑問詞 What を置くと，「何を〜していますか」とたずねることができます。

ふつうの疑問文	Are you cooking?

（あなたは料理をしていますか。）

Whatを使った疑問文	What are you cooking?

（あなたは何を料理していますか。）

答え方	I am cooking curry.

（私はカレーを料理しています。）

今日のご飯なに？　カレーよ

文のはじめに What だね！

 ここがカギ！ 「どこ」と聞きたい場合は Where，「だれ」と聞きたい場合は Who など，たずねたい内容にあった疑問詞を**文のはじめ**に置きます。

Whereを使った疑問文	Where is he running?

（彼はどこを走っていますか。）

答え方	He is running in the park.

（彼は公園を走っています。）

Whoを使った疑問文	Who is singing?

（だれが歌っていますか。）

答え方	Ken is singing.

（ケンが歌っています。）

Where や Who は文のはじめ！

1 次の日本語に合うように，＿＿＿ に適当な語を入れて，英語を完成させましょう。

(1) あなたは何を勉強していますか。

＿＿＿＿＿＿ are you ＿＿＿＿＿＿？

(2) 私は数学を勉強しています。

I ＿＿＿＿＿＿ ＿＿＿＿＿＿ math.

2 次の英語を，下線部が答えの中心となる疑問文に書きかえましょう。

(1) Kenta is drinking milk.

milk＝牛乳

＿＿＿＿＿＿ is Kenta ＿＿＿＿＿＿？

(2) They are playing tennis in the park.

＿＿＿＿＿＿ are they ＿＿＿＿＿＿ tennis?

3 次の日本語に合うように，[　　]内の語句を並べかえて，正しい英語にしましょう。ただし，文頭にくる語も小文字で書いてあります。

(1) あなたは今，何をしているのですか。
[doing / what / you / are] now?

＿＿＿＿＿＿＿＿＿＿＿＿＿＿＿＿＿＿＿ now?

(2) だれが歌を歌っていますか。
[is / a song / singing / who]?

＿＿＿＿＿＿＿＿＿＿＿＿＿＿＿＿＿＿＿？

4 次の英語を日本語にしましょう。

(1) Where is he reading a newspaper?

newspaper＝新聞

[　　　　　　　　　　　　　　　　　　]

(2) ((1)に答えて) He is reading it in the library.

[　　　　　　　　　　　　　　　　　　]

ステージ 40 canを使った文

「～できます」

「～できる」を表すcanの使い方を学習しよう！

ここがカギ！ 主語のあとにcanを置くと「～できる」という意味をつけ足すことができます。

ふつうの文	I	teach *judo*. （私は柔道を教えます。）
canを使った文	I **can** teach *judo*.	

（私は柔道を教えることができます。）

「～できる」は
canで表す！

ここがカギ！ canを使うときには，**動詞を原形（もとの形）にする**ことに注意しましょう。また，**主語がheやsheなどの場合でもcanの形や動詞の形はかわりません。**

My brother can swim. （私の兄[弟]は泳ぐことができます。）

3人称単数　もとの形

主語が何でも，canの
あとの動詞はもとの形！

ここがカギ！ canを使った文では，wellなどの**程度を表す副詞**を最後につけることが多いです。

You can speak English well . （あなたは上手に英語を話すことができます。）

程度を表す副詞

wellは
文の最後じゃ！

108

解いてみよう！

解答 p.15　答え合わせのあとは，音声に合わせて英語を音読してみよう。

① 次の日本語に合うように，_____ に □ から適当な語を入れて，英語を完成させましょう。

(1) 私はピアノが演奏できます。

I _____ play the piano.

(2) メアリーは上手に歌えます。

Mary can _____ well.

do
can
sing
sings

⑦章

現在進行形の文・can を使った文

② 次の英語を，あとの（　）内の指示にしたがって書きかえましょう。

(1) You speak Chinese.（「～できます」という文に）　　　　Chinese＝中国語

You _____ _____ Chinese.

(2) They can play basketball well.（主語を She にかえて）

She _____ _____ basketball well.

③ 次の日本語に合うように，[　]内の語句を並べかえて，正しい英語にしましょう。ただし，文頭にくる語も小文字で書いてあります。

(1) 私たちはこのコンピューターを使えます。　　　　コンピューター＝computer

[this computer / use / we / can].

_____.

(2) トムは上手に踊れます。　　　　踊る＝dance

[can / well / Tom / dance].

_____.

④ 次の英語を日本語にしましょう。

(1) He can read English.

[　　　　　　　　　　　　　　　　　　　　　　　　　]

(2) My father can swim fast.　　　　fast＝速く

[　　　　　　　　　　　　　　　　　　　　　　　　　]

ステージ 41

canを使った否定文・疑問文

「～できません」「～できますか」

canを使った否定文や疑問文の作り方を学習しよう！

ここがカギ！ canを使った否定文は，〈主語＋cannot[can't] ＋動詞の原形（もとの形）～.〉の形です。cannotは1語なので，くっつけて書きます。

ふつうの文 I can speak English. （私は英語を話すことができます。）

否定文 I cannot speak English. （私は英語を話すことができません。）
＝ I can't speak English.

〈cannot＋動詞（もとの形）〉で，「～できない」！

ここがカギ！ canを使った疑問文では，〈Can ＋主語＋動詞の原形（もとの形）～?〉の形にします。答えるときは，canやcannot [can't] を使って答えます。

ふつうの文 You can swim. （あなたは泳ぐことができます。）

疑問文 Can you swim? （あなたは泳ぐことができますか。）

もとの形

答え方 Yes, I can. （はい，泳ぐことができます。）
No, I cannot. （いいえ，泳ぐことができません。）
→または No, I can't.

答えるときもcanを使うんだね！

解答 p.15 　答え合わせのあとは，音声に
合わせて英語を音読してみよう。

141

1 次の日本語に合うように，＿＿＿＿ に適当な語を入れて，英語を完成させましょう。

(1) あなたはこの漢字が読めますか。

＿＿＿＿＿＿＿ you read this *kanji*?

(2) はい，読めます。

Yes, I ＿＿＿＿＿＿ .

2 次の英語を，あとの（　　）内の意味の文になるように，書きかえましょう。

(1) My sister can run fast. （～できません）

My sister ＿＿＿＿＿＿ ＿＿＿＿＿＿ fast.

(2) She can cook curry. （～できますか）　　　　　　　　curry＝カレー

＿＿＿＿＿＿ she ＿＿＿＿＿＿ curry?

3 次の日本語に合うように，[　　]内の語句を並べかえて，正しい英語にしましょう。ただし，文頭にくる語も小文字で書いてあります。

(1) 私はこのカメラが使えません。　　　　　　　　カメラ＝camera

[this camera / I / use / cannot].

＿＿＿＿＿＿＿＿＿＿＿＿＿＿＿＿＿＿＿＿＿＿＿＿＿ .

(2) 彼^{かれ}らは日本語を話せますか。

[they / speak / can / Japanese]?

＿＿＿＿＿＿＿＿＿＿＿＿＿＿＿＿＿＿＿＿＿＿＿＿＿ ?

4 次の英語を日本語にしましょう。

(1) Can your brother play soccer well?

[　　　　　　　　　　　　　　　　　　　　　　　　　　　]

(2) ^{((1)に答えて)}No, he can't.

[　　　　　　　　　　　　　　　　　　　　　　　　　　　]

ステージ 42

Can I ～? / Can you ～?

「～してもよいですか」「～してくれませんか」

Can I ～? で許可を求めて，Can you ～? で依頼_{いらい}をしよう！

ここがカギ！ 〈Can I ＋動詞の原形（もとの形）～?〉で「～してもよいですか」と相手に〈許可〉を求めることができます。

疑問文	**Can I use this desk?** （この机を使ってもよいですか。）

もとの形

答え方	Sure. （もちろん。） Yes, of course. （はい，もちろん。） Sorry, you can't. （すみませんが，だめです。）

> Can I ～? で許可を求めるんじゃ！

ここがカギ！ お店で使うCan I help you?「何かおさがしですか」という決まった表現があります。

疑問文	**Can I help you?** （何かおさがしですか。）
答え方	Yes, please. （はい，お願いします。）

ここがカギ！ 〈Can you ＋動詞の原形（もとの形）～?〉で，「～してくれませんか」と相手に〈依頼〉をすることができます。

疑問文	**Can you come here?** （ここに来てくれませんか。）

もとの形

答え方	Sure. （もちろん。） All right. （いいですよ。） Sorry, I can't. （すみませんが，できません。）

こっち来てー　はーい

解いてみよう！　　解答 p.16

答え合わせのあとは，音声に合わせて英語を音読してみよう。

142

1 次の日本語に合うように，_____ に□から適当な語を入れて，英語を完成させましょう。

(1) ドアを開けてくれませんか。　ドア＝door

　　_____ you open the door?

(2) もちろん。

　　_____ .

| Do |
| Can |
| Sure |
| Sorry |

2 次の日本語に合うように，（　）内から適当な語を選んで，○で囲みましょう。

(1) ピアノを演奏してくれませんか。　Can（ I / you ）play the piano?

(2) テレビを見てもよいですか。　— すみませんが，だめです。

　　Can（ I / you ）watch TV? — Sorry,（ I / you ）can't.

3 次の日本語に合うように，[　]内の語を並べかえて，正しい英語にしましょう。ただし，文頭にくる語も小文字で書いてあります。

(1) 昼食を作ってくれませんか。　[can / lunch / make / you]?

_____?

(2) 何かおさがしですか。　[I / help / can / you]?

_____?

4 次の英語を日本語にしましょう。

(1) Can I eat this apple?　　apple＝リンゴ

[　　　　　　　　　　　　　　　　　　　　　　　　　　]

(2) ((1)に答えて) Yes, of course.

[　　　　　　　　　　　　　　　　　　　　　　　　　　]

現在進行形の文・canを使った文

7章

確認テスト

解答 p.16

/100点

1 次の( )内から適当な語を選んで，[___]に書きましょう。（4点×4）

(1) He is (study / studies / studying) math.

［ステージ 36］

(2) Emma can (speak / speaks / speaking) Japanese.

［ステージ 40］

(3) Is Tomoko (read / reads / reading) an English book?

［ステージ 38］

(4) Can Mr. White (sing / sings / singing) Japanese songs?

［ステージ 41］

2 次の日本語に合うように，___に入る適当な語を[___]に書きましょう。（5点×5）

(1) 私は琴を演奏することができます。

I _____ _____ the *koto*.

［ステージ 40］

(2) 彼は音楽を聞いています。

_____ _____ to music.

［ステージ 36］

(3) 彼らは今，朝食を作っているのですか。

_____ they _____ breakfast now?

［ステージ 38］

(4) あなたの弟さんはどこで写真を撮っていますか。

Where _____ your brother _____ pictures?

［ステージ 39］

(5) あなたのペンを使ってもよいですか。

_____ _____ use your pen?

［ステージ 42］

114

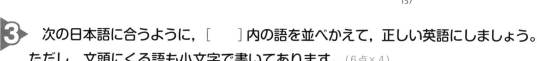

3 次の日本語に合うように，[　　]内の語を並べかえて，正しい英語にしましょう。
ただし，文頭にくる語も小文字で書いてあります。(6点×4)

(1) 彼らは何を飲んでいますか。

[they / drinking / are / what]?

_____? ステージ 39

(2) 私の姉は泳げません。

[sister / swim / my / cannot].

_____. ステージ 41

(3) 私たちは今，テレビを見ていません。

[not / TV / are / watching / we] now.

_____ now. ステージ 37

(4) 私たちと野球をしてくれませんか。

[baseball / you / us / can / play / with]?

_____? ステージ 42

4 次の英語を日本語にしましょう。(7点×5)

(1) You can use this computer.

[
　　　　　　　　　　　　　　　　　　　　　　　] ステージ 40

(2) They aren't practicing soccer now.

[
　　　　　　　　　　　　　　　　　　　　　　　] ステージ 37

(3) Is she helping her mother?

[
　　　　　　　　　　　　　　　　　　　　　　　] ステージ 38

(4) What is he doing?

[
　　　　　　　　　　　　　　　　　　　　　　　] ステージ 39

(5) Can I go to your house?

[
　　　　　　　　　　　　　　　　　　　　　　　] ステージ 42

7章 現在進行形の文・canを使った文

ステージ

36 I am <u>playing</u> tennis now. （私は今, テニスをしています。）
〈be 動詞＋動詞の ing 形〉

37 My cat is not sleeping now. （私のネコは今, 眠っていません。）
be 動詞のあとに not

38 Are you cooking lunch? （あなたは昼食を料理していますか。）
主語の前に be 動詞

39 What are you cooking? （あなたは何を料理していますか。）
〈What ＋疑問文〉

Where is he running? （彼はどこを走っていますか。）
〈Where ＋疑問文〉

40 You <u>can speak</u> English well. （あなたは上手に英語を話すことができます。）
主語のあとに〈can ＋動詞の原形（もとの形）〉　程度を表す副詞

41 I cannot speak English. （私は英語を話すことができません。）
主語のあとに cannot[can't]

Can you swim? （あなたは泳ぐことができますか。）
主語の前に can

42 Can I use this desk? （この机を使ってもよいですか。）
Can I ～？：〈許可〉を求める

Can you come here? （ここに来てくれませんか。）
Can you ～？：〈依頼〉をする

魔法の砂時計をGET！

次の過去の世界へGO!

8章 過去の文①

長老にもらった魔法の砂時計が急に光り出し，3人は過去の世界に飛ばされる。そこに占い師の老婆が現れ，もとの世界に戻るために「過去の文」を教えてくれるという。エイミーとゴータは，動詞によって過去形の形が違うことなどに注意しながら，過去のふつうの文・否定文・疑問文の作り方を学んでいく。無事に魔法の水晶を手に入れることはできるのか…？

43

過去の一般動詞の文

「〜しました」

過去の文では，動詞を過去形にすることを忘れないようにしよう！

ここが
カギ！

「〜しました」という過去の文では，一般動詞の過去形を使います。**主語が**he やsheなど（**3人称単数**）であっても，**過去形の形はかわりません。**

I played soccer yesterday.

过去形

（私は昨日，サッカーをしました。）

● 過去を表す語句

・ yesterday 「昨日」
・ last 「この前の〜」 ・・・（例）last Sunday 「この前の日曜日（に）」
・ ago 「〜前に」 ・・・（例）two years ago 「2年前に」

ここが
カギ！

多くの一般動詞は，**最後にed**などをつけて過去形にすることができますが，**不規則に変化する動詞**もあります。

---

edをつける	eでおわる語は dをつける	yをiにかえて edをつける	最後の文字を重ねて edをつける
play 「〜をする」 ↓ played	use 「〜を使う」 ↓ used	study 「〜を勉強する」 ↓ studied	stop 「〜を止める」 ↓ stopped

不規則に変化する

come 「来る」 → came   read 「〜を読む」 → read
                          [リード]   [レッド]
eat 「〜を食べる」 → ate   see 「〜を見る」 → saw

go 「行く」 → went

make 「〜を作る」 → made   read は発音がかわる
                          から注意！

解いてみよう！

解答 p.17

答え合わせのあとは，音声に合わせて英語を音読してみよう。

1 次の日本語に合うように，＿＿＿＿ に □ から適当な語を入れて，英語を完成させましょう。

(1) 私はカレーを料理しました。　　〜を料理する＝cook

I ＿＿＿＿＿＿ curry.

(2) 私はそのカレーを食べました。

I ＿＿＿＿＿＿ the curry.

cook　cooked　eat　ate

2 次の日本語に合うように，〔　　〕内の語句を並べかえて，正しい英語にしましょう。ただし，文頭にくる語も小文字で書いてあります。

(1) 私は昨年，北海道を訪れました。

〔 visited / last / Hokkaido / I 〕year.

＿＿＿＿＿＿＿＿＿＿＿＿＿＿＿＿＿＿＿＿＿＿＿＿ year.

(2) 彼女は1週間前，図書館に来ました。

〔 a week / to / she / the library / came 〕ago.

＿＿＿＿＿＿＿＿＿＿＿＿＿＿＿＿＿＿＿＿＿＿＿＿ ago.

3 次の英語を，あとの（　　）内の指示にしたがって書きかえましょう。

(1) Tom studies math.（yesterday をつけ加えて）

Tom ＿＿＿＿＿＿ math yesterday.

(2) We go to the park every day.（下線部を last Sunday にかえて）

We ＿＿＿＿＿＿ to the park last Sunday.

4 次の英語を日本語にしましょう。

(1) We practiced baseball last Saturday.　　　　Saturday＝土曜日

[　　　　　　　　　　　　　　　　　　　　　　　　　　]

(2) He read this book three days ago.

[　　　　　　　　　　　　　　　　　　　　　　　　　　]

8章 過去の文①

ステージ

44

過去の一般動詞の否定文

「～しませんでした」

過去の文では，do not や does not の代わりに did not を使おう！

ここが
カギ！

過去の一般動詞の否定文では，**動詞の前に did not [didn't]** を置きます。過去の場合は，**主語が何であっても did not** を使います。

現在の一般動詞の否定文

I don't have a watch. （私は時計を持っていません。）

She doesn't have a watch.

（彼女は時計を持っていません。）

過去の一般動詞の否定文

I did not have a watch.

（私は時計を持っていませんでした。）

主語が何でも，動詞の前に
did not じゃ！

ここが
カギ！

did not [didn't] のあとには，**動詞の原形（もとの形）**を続けます。過去の文だからといって，**過去形にしないように**注意しましょう。

ふつうの文　I went to the library today.

（私は今日，図書館に行きました。）

否定文　I didn't go to the library today.

もとの形

（私は今日，図書館に行きませんでした。）

did not は
didn't と短縮
できるんだね！

動詞はもとの形
にするよ！

120

解いてみよう！

解答 p.17　　答え合わせのあとは，音声に合わせて英語を音読してみよう。

1 次の日本語に合うように，＿＿＿＿ に適当な語を入れて，英語を完成させましょう。

〇×文具

(1) 私はえんぴつを買いませんでした。　　〜を買う＝buy

I ＿＿＿＿＿ ＿＿＿＿＿ buy a pencil.

(2) 私は消しゴムを買いませんでした。　　消しゴム＝eraser

I ＿＿＿＿＿ buy an eraser.

2 次の英語を，否定文に書きかえましょう。

(1) She played tennis last week.

She ＿＿＿＿ not ＿＿＿＿ tennis last week.

(2) My mother made breakfast today.

My mother ＿＿＿＿ ＿＿＿＿ breakfast today.

3 次の日本語に合うように，〔　　〕内の語句を並べかえて，正しい英語にしましょう。ただし，文頭にくる語も小文字で書いてあります。

(1) 彼は昨日，音楽を聞きませんでした。

〔 music / listen to / he / didn't 〕 yesterday.

＿＿＿＿＿＿＿＿＿＿＿＿＿＿＿＿＿ yesterday.

(2) 彼らは昨夜，歴史を勉強しませんでした。　　歴史＝history

〔 not / they / study / did / last / history 〕 night.

＿＿＿＿＿＿＿＿＿＿＿＿＿＿＿＿＿ night.

4 次の英語を日本語にしましょう。

(1) I did not clean my room yesterday.　　clean＝〜を掃除する　room＝部屋

〔　　　　　　　　　　　　　　　　　　　　　　　〕

(2) We didn't come here last Wednesday.

〔　　　　　　　　　　　　　　　　　　　　　　　〕

8章 過去の文①

過去の一般動詞の疑問文

「〜しましたか」

didを使うことや動詞の形に注意しよう！

 ここが **カギ！** 「〜しましたか」という過去の疑問文では，文のはじめに Did を置き，動詞は原形 (もとの形) にします。**主語が he や she など (3人称単数)** でも同じです。

ふつうの文　You watched TV last night.

（あなたは昨夜，テレビを見ました。）

疑問文　Did you watch TV last night?

もとの形　（あなたは昨夜，テレビを見ましたか。）

動詞はもとの形にするんだね！

Did を文のはじめに置くんじゃ！

 ここが **カギ！** 答えるときは，〈Yes, ＋主語＋ did.〉または〈No, ＋主語＋ did not [didn't] .〉で答えます。

疑問文　Did he run in the park yesterday?

（彼は昨日，公園を走りましたか。）

答え方　Yes, he did. （はい，走りました。）

No, he did not. （いいえ，走りませんでした。）

→または No, he didn't.

did not は didn't と，短くできるんだったよね！

解いてみよう！ 解答 p.17

答え合わせのあとは，音声に
合わせて英語を音読してみよう。

月 日

1 次の日本語に合うように，_____ に適当な語を入れて，英語を完成させましょう。

(1) あなたはこのペンを使いましたか。

_____ you use this pen?

(2) はい，使いました。

Yes, I _____.

2 次の英語を，疑問文に書きかえましょう。

(1) Mary lived in Japan last year.

_____ Mary live in Japan last year?

(2) He came home early yesterday.

_____ he _____ home early yesterday?

3 次の日本語に合うように，[ ]内の語句を並べかえて，正しい英語にしましょう。ただし，文頭にくる語も小文字で書いてあります。

(1) 彼は1週間前にその映画を見ましたか。

[see / he / a week / did / the movie] ago?

_____ ago?

(2) あなたはこの前の金曜日にこの本を読みましたか。

[this book / read / last / you / did] Friday?

_____ Friday?

4 次の英語を日本語にしましょう。

(1) Did she get up at five yesterday?

[ ]

(2) ((1)に答えて) No, she did not.

[ ]

8章

過去の文①

43 44 45 46

ステージ
46

疑問詞のある過去の一般動詞の疑問文

「何を〜しましたか」

What や Where，How などの疑問詞を使ってみよう！

ここがカギ！ 〈What did ＋主語＋動詞の原形（もとの形）〜?〉で，「何を〜しましたか」とたずねることができます。

Whatを使った疑問文 What did he cook last night?

（彼は昨夜，何を料理しましたか。）

答え方 He cooked curry.

（彼はカレーを料理しました。）

文のはじめに What を置くんだね！

ここがカギ！ What 以外にも，Where「どこ」や How「どうやって」などの疑問詞を文のはじめに置いてたずねることもできます。

Whereを使った疑問文 Where did he study English?

（彼はどこで英語を勉強しましたか。）

答え方 He studied it at the library.

（彼は図書館でそれを勉強しました。）

Howを使った疑問文 How did you come here?

（あなたはどうやってここに来ましたか。）

答え方 I came here by bus. （私はバスでここに来ました。）

交通手段は，〈by ＋乗り物〉で表すんじゃ！

解いて みよう！

解答 p.17

答え合わせのあとは，音声に
合わせて英語を音読してみよう。

146

1 次の日本語に合うように，_____ に適当な語を入れて，英語を完成させましょう。

(1) あなたは何を作りましたか。

_____ _____ you make?

(2) 私は人形を作りました。　　　人形＝doll

I _____ a doll.

2 次の英語を，下線部が答えの中心となる疑問文に書きかえましょう。

(1) Masao visited China last summer.　　　China＝中国

_____ _____ Masao visit China?

(2) They studied math in the library.

_____ did they _____ math?

3 次の日本語に合うように，[　　]内の語句を並べかえて，正しい英語にしましょう。ただし，文頭にくる語も小文字で書いてあります。

(1) だれが昨日，あなたを手伝いましたか。
[helped / you / who] yesterday?

_____ yesterday?

(2) あなたのお母さんは何を料理しましたか。　　　～を料理する＝cook
[cook / your mother / what / did]?

_____ ?

4 次の英語を日本語にしましょう。

(1) Where did you buy this bag?　　　buy＝～を買う

[　　　　　　　　　　　　　　　　　　　　　　　　　　]

(2) ((1)に答えて) I bought it in Kyoto.　　　bought＝～を買った

[　　　　　　　　　　　　　　　　　　　　　　　　　　]

43　44　45　46

125

1 次の（　）内から適当な語を選んで，□□に書きましょう。（4点×4）

(1) Mariko (play / played) tennis yesterday.

▶ステージ **43**

(2) Did Nancy (go / went) to Tokyo last Sunday?

▶ステージ **45**

(3) She (do / did) not have a dog last year.

▶ステージ **44**

(4) Where (do / did) he visit yesterday?

▶ステージ **46**

2 次の日本語に合うように，＿＿に入る適当な語を□□に書きましょう。（5点×5）

(1) トムはこの前の土曜日に，柔道をやってみました。
Tom ＿＿＿＿ *judo* ＿＿＿＿ Saturday.

▶ステージ **43**

(2) あなたは家族とその試合を見ましたか。
＿＿＿＿ you ＿＿＿＿ the game with your family?

▶ステージ **45**

(3) （(2)に答えて）はい，見ました。
Yes, ＿＿＿＿ ＿＿＿＿.

▶ステージ **45**

(4) 彼らは昨日，ここに来ませんでした。
They ＿＿＿＿ ＿＿＿＿ come here yesterday.

▶ステージ **44**

(5) あなたはケンの家で何をしましたか。
What ＿＿＿＿ you ＿＿＿＿ at Ken's house?

▶ステージ **46**

3 次の日本語に合うように，[　　]内の語を並べかえて，正しい英語にしましょう。
ただし，文頭にくる語も小文字で書いてあります。(6点×4)

(1) タロウはレストランで何を食べましたか。　　　　　　　　レストラン＝restaurant
　　[did / eat / Taro / at / what] the restaurant?

　　_____ the restaurant?　＞ステージ 46

(2) 彼女_{かのじょ}はその歌が好きではありませんでした。
　　[like / song / she / didn't / the].

　　_____ .　＞ステージ 44

(3) 彼らは昨年，日本に住んでいましたか。
　　[Japan / did / last / they / in / live] year?

　　_____ year?　＞ステージ 45

(4) 新しい先生が私たちの学校に来ました。
　　[teacher / to / a / came / school / our / new].

　　_____ .　＞ステージ 43

4 次の英語を日本語にしましょう。(7点×5)

(1) They practiced the song last Sunday.
　　[
　　] ＞ステージ 43

(2) I didn't speak Japanese in the class.
　　[
　　] ＞ステージ 44

(3) Did you take pictures yesterday?
　　[
　　] ＞ステージ 45

(4) He went to Okinawa last summer.
　　[
　　] ＞ステージ 43

(5) Who used my dictionary?
　　[
　　] ＞ステージ 46

8章
過去の文①

ステージ

43 I played soccer yesterday. （私は昨日，サッカーをしました。）

一般動詞の過去形

44 I <u>didn't go</u> to the library today.

主語のあとに〈did not[didn't]＋動詞の原形（もとの形）〉

（私は今日，図書館に行きませんでした。）

45 Did he run in the park yesterday?

主語の前に Did ｜ 動詞は原形（もとの形）

（彼は昨日，公園を走りましたか。）
→ Yes, he did. （はい，走りました。）
→ No, he did not[didn't]. （いいえ，走りませんでした。）

46 What did he cook last night? （彼は昨夜，何を料理しましたか。）

〈What ＋疑問文〉

Where did he study English? （彼はどこで英語を勉強しましたか。）

〈Where ＋疑問文〉

過去のことがいえると
表現できることが増えるね！

魔法の水晶を GET！

次のいろいろ
の館へGO!

128

9章 過去の文② ・ いろいろな文

　もとの世界に戻ってくると，3人の目の前にあったのはいろいろの館。そこに住むピエロは，2人に「過去の文」と「いろいろな文」を教えてくれるという。be動詞の過去形や過去進行形の表し方に加え，「〜に見えます」「…に〜があります」といったいろいろな文を学んでいく。エイミーとゴータは魔法の玉を手に入れることができるのか…？

be動詞の過去形，過去進行形

「〜でした」「〜していました」

過去形のbe動詞wasとwereの使い分けを覚えよう！

ここが
カギ！

am, isの過去形は**was**，areの過去形は**were**になります。否定文・疑問文の作り方は，現在形のときと同じです。

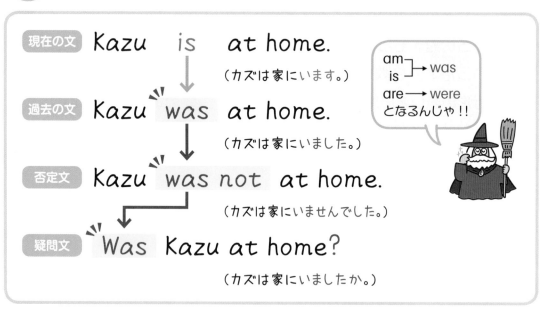

現在の文	Kazu is at home.
	（カズは家にいます。）
過去の文	Kazu was at home.
	（カズは家にいました。）
否定文	Kazu was not at home.
	（カズは家にいませんでした。）
疑問文	Was Kazu at home?
	（カズは家にいましたか。）

am
is ┐→ was
are → were
となるんじゃ！！

ここが
カギ！

〈be動詞の過去形＋動詞のing形〉という形を過去進行形といい，「〜していました」というように過去のある時点で進行中だったことを表します。

現在進行形	They are playing soccer now.
	（彼らは今，サッカーをしています。）
過去進行形	They were playing soccer then.
	（彼らはそのとき，サッカーをしていました。）

areがwereになっているよ！

was / wereのあとに動詞のing形ね！

1 次の日本語に合うように，＿＿＿＿ に □ から適当な語を入れて，英語を完成させましょう。

(1) 私たちは私の部屋にいました。

We ＿＿＿＿＿＿ in my room.

(2) このゲームはおもしろかったです。

This game ＿＿＿＿＿＿ interesting.

| are　was　were　is |

2 次の日本語に合うように，＿＿＿＿ に適当な語を書きましょう。

(1) 私たちは今朝9時にテニスをしていました。

We ＿＿＿＿＿＿ ＿＿＿＿＿＿ tennis at nine this morning.

(2) マサキはそのとき，このコンピューターを使っていました。

Masaki ＿＿＿＿＿＿ ＿＿＿＿＿＿ this computer then.

3 次の日本語に合うように，[　]内の語句を並べかえて，正しい英語にしましょう。ただし，文頭にくる語も小文字で書いてあります。

(1) リサとマイクは教室にいませんでした。
[not / the classroom / were / in / Lisa and Mike].

＿＿＿＿＿＿＿＿＿＿＿＿＿＿＿＿＿＿＿＿＿＿＿＿＿＿＿ .

(2) 彼は13歳<ruby>歳<rt>さい</rt></ruby>でしたか。
[years / he / was / old / thirteen]?

＿＿＿＿＿＿＿＿＿＿＿＿＿＿＿＿＿＿＿＿＿＿＿＿＿＿＿ ?

4 次の英語を日本語にしましょう。

(1) He was playing the guitar then.

[

 ]

(2) My pens were not on the desk.

[

 ]

「～に見えます」「…に～があります」

「～に見える」という表現と，There is [are] ～.の使い方を学習しよう！

 「～に見えます」と人やものの様子・状態を説明するときは，〈look ＋形容詞〉で表します。

You look sad. （あなたは悲しそうに見えます。）

形容詞

〈look ＋形容詞〉で「～に見える」！

 「…に～があります」というときは，There is [are] ～.で表します。あとに続く名詞が**単数か複数か**によってbe動詞を使い分けます。

There is a hat on the table.

単数

（テーブルの上に帽子があります。）

「～がある」という意味じゃ！

There are three cats in my house.

複数

（私の家に3匹のネコがいます。）

単数名詞には There is,
複数名詞には There are だよ！

148

解いてみよう！

解答 p.19

答え合わせのあとは，音声に合わせて英語を音読してみよう。

1 次の日本語に合うように，＿＿＿＿ に □ から適当な語を入れて，英語を完成させましょう。

(1) あなたは疲れているように見えます。

You ＿＿＿＿＿＿ tired.

(2) あの机はとても重そうに見えます。　重い＝heavy

That desk ＿＿＿＿＿＿ very heavy.

look　looking　looks　looked

2 次の日本語に合うように，＿＿＿＿ に適当な語を書きましょう。

(1) 机の上に1本のペンがあります。

＿＿＿＿＿＿ ＿＿＿＿＿＿ a pen ＿＿＿＿＿＿ the desk.

(2) 公園にたくさんの子どもたちがいます。　子どもたち＝children

＿＿＿＿＿＿ ＿＿＿＿＿＿ many children ＿＿＿＿＿＿ the park.

3 次の日本語に合うように，[ ]内の語句を並べかえて，正しい英語にしましょう。ただし，文頭にくる語も小文字で書いてあります。

(1) 私の家の近くにスーパーマーケットがあります。

[my / a supermarket / is / house / near / there].

＿＿＿＿＿＿＿＿＿＿＿＿＿＿＿＿＿＿＿＿＿＿ .

(2) 窓のそばにいくつかの植物があります。　植物＝plant

[some / the window / are / by / there / plants].

＿＿＿＿＿＿＿＿＿＿＿＿＿＿＿＿＿＿＿＿＿＿ .

4 ( )内の語を用いて，次の日本語を英語にしましょう。

(1) あの建物は美しく見えます。 (building)

＿＿＿＿＿＿＿＿＿＿＿＿＿＿＿＿＿＿＿＿＿＿

(2) あなたは今，わくわくしているように見えます。 (excited)

＿＿＿＿＿＿＿＿＿＿＿＿＿＿＿＿＿＿＿＿＿＿

1 次の（　）内から適当な語を選んで，◻に書きましょう。（4点×4）

(1) It (is / was / were) Friday yesterday.

◻
ステージ 47

(2) We (did / was / were) not in Japan last week.

◻
ステージ 47

(3) Ellen (is / was / were) studying math at ten last night.

◻
ステージ 47

(4) (Did / Was / Were) they cooking dinner then?

◻
ステージ 47

2 次の日本語に合うように，＿＿に入る適当な語を◻に書きましょう。（5点×5）

(1) この本はおもしろそうに見えます。
This book ＿＿＿＿ ＿＿＿＿ .

◻
ステージ 48

(2) 彼らは驚いているように見えます。
They ＿＿＿＿ ＿＿＿＿ .

◻
ステージ 48

(3) この図書館にはたくさんの本があります。
＿＿＿＿ ＿＿＿＿ a lot of books in this library.

◻
ステージ 48

(4) 床の上に電話があります。　電話＝phone　床＝floor
There ＿＿＿＿ a phone ＿＿＿＿ the floor.

◻
ステージ 48

(5) 机の下に箱があります。
There ＿＿＿＿ a box ＿＿＿＿ the desk.

◻
ステージ 48

3 次の日本語に合うように，[　　]内の語句を並べかえて，正しい英語にしましょう。ただし，文頭にくる語も小文字で書いてあります。(6点×4)

(1) 彼らは図書館にいませんでした。

[the library / not / they / were / in].

_____.

(2) あなたはユキと話していたのですか。

[with / you / talking / Yuki / were]?

_____?

(3) 私の先生はそのとき，とても怒_{おこ}っているように見えました。

[angry / then / looked / my / very / teacher].

_____.

(4) 教室に何人かの生徒がいます。

[some / the classroom / are / students / there / in].

_____.

4 次の英語を日本語にしましょう。(7点×5)

(1) My parents were at home yesterday.

[　　　　　　　　　　　　　　　　　　　]

(2) Was your father a baseball player?

[　　　　　　　　　　　　　　　　　　　]

(3) I was not listening to music.

[　　　　　　　　　　　　　　　　　　　]

(4) This problem looks difficult for us. problem＝問題

[　　　　　　　　　　　　　　　　　　　]

(5) There are a lot of buildings in this city.

[　　　　　　　　　　　　　　　　　　　]

ステージ

47

| 現在形 | am is | are |

| 過去形 | was | were |

They were playing soccer then.

〈be 動詞の過去形〉　〈動詞の ing 形〉　（彼らはそのとき, サッカーをしていました。）

48 You look sad. （あなたは悲しそうに見えます。）

〈look ＋形容詞〉

There is a hat on the table.

〈There is ＋単数名詞〉　（テーブルの上に帽子があります。）

There are three cats in my house.

〈There are ＋複数名詞〉　（私の家に3匹のネコがいます。）

中1の英語はこれでバッチリじゃ！
これからもがんばるんじゃよ。

師匠, 中1の英語が
マスターできたよ！
ありがとう！

楽しい修行だったなあ。
これからもがんばるね！

これで中1英語はカンペキ！

③

136

□ 編集協力　㈱メディアビーコン　阿久津菜花　伊藤祐美
□ 本文デザイン　studio1043　CONNECT
□ DTP　朝日メディアインターナショナル株式会社
□ イラスト　オフィスシバチャン　はなのしん　ワタナベカズコ
□ 音声収録　一般財団法人英語教育協議会

シグマベスト
ぐーんっとやさしく
中1英語

本書の内容を無断で複写（コピー）・複製・転載することを禁じます。また，私的使用であっても，第三者に依頼して電子的に複製すること（スキャンやデジタル化等）は，著作権法上，認められていません。

編　者　文英堂編集部
発行者　益井英郎
印刷所　株式会社加藤文明社
発行所　株式会社文英堂

〒601-8121　京都市南区上鳥羽大物町28
〒162-0832　東京都新宿区岩戸町17
（代表）03-3269-4231

中1英語

ぐーんっと
やさしく

解答と解説

文英堂

大文字と小文字
アルファベット

❶ □に大文字のアルファベットを正しい順番で入れましょう。

A B C D E F G H I J K L M
N O P Q R S T U V W X Y Z

❷ □に小文字のアルファベットを正しい順番で入れましょう。

a b c d e f g h i j k l m
n o p q r s t u v w x y z

❸ 大文字を小文字に, 小文字を大文字にかえましょう。

B - b   E - e   Q - q

d - D   i - I   r - R

❹ 次の日本語に合うように, ( )内の語を適当な形にかえて, ▧に書きましょう。

私は(i)ユミです。   I am Yumi.

I am 〜. / You are 〜.
「私 [あなた] は〜です」

❶ 次の日本語に合うように, ＿＿＿ に□から適当な語を入れて, 英語を完成させましょう。

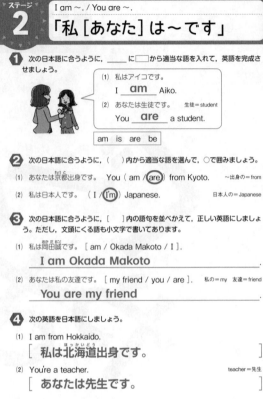

(1) 私はアイコです。
I __am__ Aiko.
(2) あなたは生徒です。   生徒= student
You __are__ a student.

am is are be

❷ 次の日本語に合うように, ( )内から適当な語を選んで, ○で囲みましょう。

(1) あなたは京都出身です。 You (am /(are)) from Kyoto.   〜出身の= from
(2) 私は日本人です。 (I /(I'm)) Japanese.   日本人の= Japanese

❸ 次の日本語に合うように, [ ]内の語句を並べかえて, 正しい英語にしましょう。ただし, 文頭にくる語も小文字で書いてあります。

(1) 私は岡田誠です。 [am / Okada Makoto / I].
I am Okada Makoto
(2) あなたは私の友達です。 [my friend / you / are].   私の= my 友達= friend
You are my friend

❹ 次の英語を日本語にしましょう。

(1) I am from Hokkaido.
[私は北海道出身です。]
(2) You're a teacher.   teacher= 先生
[あなたは先生です。]

He is 〜. / She is 〜.
「彼 [彼女] は〜です」

❶ 次の日本語に合うように, ＿＿＿ に□から適当な語を入れて, 英語を完成させましょう。

(1) 彼女はアヤです。
She is Aya.
(2) アヤは先生です。   先生= teacher
Aya __is__ a teacher.

He She is are

❷ 次の日本語に合うように, ( )内から適当な語を選んで, ○で囲みましょう。

(1) 彼女は生徒です。 (He /(She)) is a student.   生徒= student
(2) 彼はジョンです。 He (am /(is)) John.
(3) 彼女は加藤さんです。 ((She's)/ She) Ms. Kato. (女性の姓の前で)〜さん= Ms.

❸ 次の日本語に合うように, [ ]内の語句を並べかえて, 正しい英語にしましょう。ただし, 文頭にくる語も小文字で書いてあります。

(1) 彼女は野球ファンです。 [she / a baseball fan / is].   ファン= fan
She is a baseball fan
(2) ダイスケは大阪にいます。 [is / in Osaka / Daisuke].   大阪に= in Osaka
Daisuke is in Osaka

❹ 次の英語を日本語にしましょう。

(1) She is fifteen.   fifteen= 15歳の
[彼女は15歳です。]
(2) He's from Okinawa.
[彼は沖縄出身です。]

This is 〜. / That is 〜.
「これ [あれ] は〜です」

❶ 次の日本語に合うように, ＿＿＿ に□から適当な語を入れて, 英語を完成させましょう。

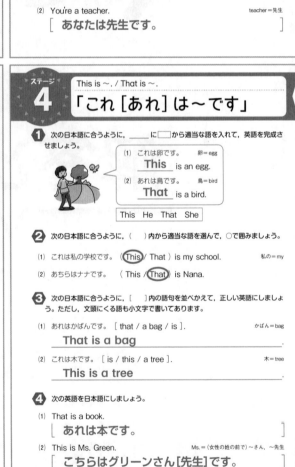

(1) これは卵です。   卵= egg
__This__ is an egg.
(2) あれは鳥です。   鳥= bird
__That__ is a bird.

This He That She

❷ 次の日本語に合うように, ( )内から適当な語を選んで, ○で囲みましょう。

(1) これは私の学校です。 ((This)/ That) is my school.   私の= my
(2) あちらはナナです。 (This /(That)) is Nana.

❸ 次の日本語に合うように, [ ]内の語句を並べかえて, 正しい英語にしましょう。ただし, 文頭にくる語も小文字で書いてあります。

(1) あれはかばんです。 [that / a bag / is].   かばん= bag
That is a bag
(2) これは木です。 [is / this / a tree].   木= tree
This is a tree

❹ 次の英語を日本語にしましょう。

(1) That is a book.
[あれは本です。]
(2) This is Ms. Green.   Ms.= (女性の姓の前で)〜さん, 〜先生
[こちらはグリーンさん[先生]です。]

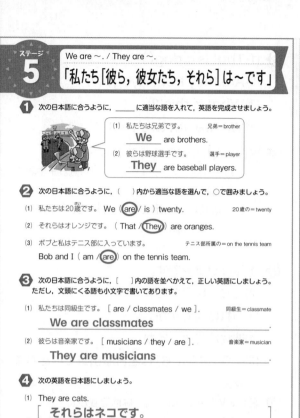

ステージ 5

We are ～. / They are ～.

「私たち[彼ら，彼女たち，それら]は～です」

1 次の日本語に合うように，＿＿＿ に適当な語を入れて，英語を完成させましょう。

(1) 私たちは兄弟です。　兄弟＝brother
We are brothers.

(2) 彼らは野球選手です。　選手＝player
They are baseball players.

2 次の日本語に合うように，（　）内から適当な語を選んで，○で囲みましょう。

(1) 私たちは20歳です。 We (**are** / is) twenty.　20歳の＝twenty

(2) それらはオレンジです。 (That / **They**) are oranges.

(3) ボブと私はテニス部に入っています。　テニス部所属の＝on the tennis team
Bob and I (am / **are**) on the tennis team.

3 次の日本語に合うように，[　]内の語を並べかえて，正しい英語にしましょう。
ただし，文頭にくる語も小文字で書いてあります。

(1) 私たちは同級生です。 [are / classmates / we].　同級生＝classmate
We are classmates .

(2) 彼らは音楽家です。 [musicians / they / are].　音楽家＝musician
They are musicians .

4 次の英語を日本語にしましょう。

(1) They are cats.
[**それらはネコです。**]

(2) We are from Hiroshima.
[**私たちは広島出身です。**]

ステージ 6

be動詞の否定文

「～ではありません」

1 次の日本語に合うように，＿＿＿ に□から適当な語を入れて，英語を完成させましょう。

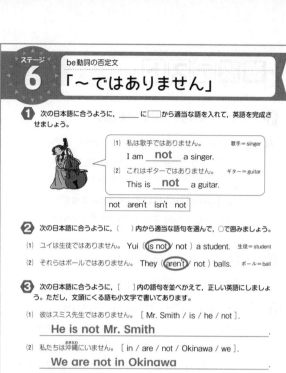

(1) 私は歌手ではありません。　歌手＝singer
I am **not** a singer.

(2) これはギターではありません。　ギター＝guitar
This is **not** a guitar.

not　aren't　isn't　not

2 次の日本語に合うように，（　）内から適当な語句を選んで，○で囲みましょう。

(1) ユイは生徒ではありません。 Yui (**is not** / not) a student.　生徒＝student

(2) それらはボールではありません。 They (**aren't** / not) balls.　ボール＝ball

3 次の日本語に合うように，[　]内の語句を並べかえて，正しい英語にしましょう。ただし，文頭にくる語も小文字で書いてあります。

(1) 彼はスミス先生ではありません。 [Mr. Smith / is / he / not].
He is not Mr. Smith .

(2) 私たちは沖縄にいません。 [in / are / not / Okinawa / we].
We are not in Okinawa .

4 次の英語を日本語にしましょう。

(1) I'm not American.　American＝アメリカ人の
[**私はアメリカ人ではありません。**]

(2) That isn't your bed.　your＝あなたの
[**あれはあなたのベッドではありません。**]

ステージ 7

be動詞の疑問文

「～ですか」

1 次の日本語に合うように，＿＿＿ に適当な語を入れて，英語を完成させましょう。

(1) あなたはアメリカ人ですか。 アメリカ人の＝American
Are you American?

(2) はい，そうです。
Yes, **I** am.

2 次の日本語に合うように，[　]内の語や符号を並べかえて，正しい英語にしましょう。ただし，文頭にくる語も小文字で書いてあります。

(1) あなたたちは15歳ですか。 [fifteen / are / you]?
あなたたち＝you　15歳の＝fifteen
Are you fifteen ?

(2) ((1)に答えて)いいえ，違います。 [not / we / no / are / ,].
No, we are not .

3 次の英語を，あとの（　）内の指示にしたがって書きかえましょう。

(1) He is Tom.（疑問文に）
Is **he** Tom?

(2) Is this a camera?（Yesで答える文に）　camera＝カメラ
Yes, it **is** .

4 次の英語を日本語にしましょう。

(1) Are they sisters?　sister＝姉妹
[**彼女たちは姉妹ですか。**]

(2) Is that a school?　school＝学校
[**あれは学校ですか。**]

ステージ 8

What is ～?

「～は何ですか」

1 次の日本語に合うように，＿＿＿ に□から適当な語を入れて，英語を完成させましょう。

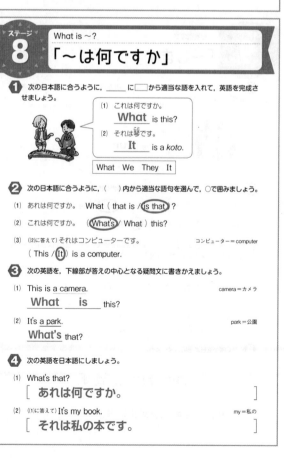

(1) これは何ですか。
What is this?

(2) それは琴です。
It is a koto.

What　We　They　It

2 次の日本語に合うように，（　）内から適当な語句を選んで，○で囲みましょう。

(1) あれは何ですか。 What (that is / **is that**)?

(2) これは何ですか。 (**What's** / What) this?

(3) ((2)に答えて)それはコンピューターです。　コンピューター＝computer
(This / **It**) is a computer.

3 次の英語を，下線部が答えの中心となる疑問文に書きかえましょう。

(1) This is a camera.　camera＝カメラ
What **is** this?

(2) It's a park.　park＝公園
What's that?

4 次の英語を日本語にしましょう。

(1) What's that?
[**あれは何ですか。**]

(2) ((1)に答えて)It's my book.　my＝私の
[**それは私の本です。**]

3

確認テスト 1章

1 (1)am (2)is (3)is (4)are

解説 (1)主語がIなのでbe動詞はamを使う。
(2)主語がSheなのでbe動詞はisを使う。〈from＋地名〉で「〜出身」という意味。
(3)主語がThatなのでbe動詞はisを使う。
(4)主語がTheyなのでbe動詞はareを使う。

2 (1)He is (2)This is (3)We are (4)Are you (5)am not

解説 (1)「彼は〜です」はHe is 〜.で表す。
(2)「こちらは〜です」はThis is 〜.で表す。
(3)「私たちは〜です」はWe are 〜.で表す。
(4)be動詞の疑問文ではbe動詞を主語の前に置く。
(5)be動詞の否定文ではbe動詞のあとにnotを置く。

3 (1)That is a dog(.)
(2)Are they from Hyogo(?)
(3)What is this(?)
(4)We are not twelve(.)

解説 (1)「あれは〜です」はThat is 〜.で表す。
(3)「〜は何ですか」は〈What＋be動詞＋主語?〉の語順。
(4)be動詞の否定文は〈主語＋be動詞＋not〜.〉の語順。

4 (1)私はタクヤです。
(2)こちらはアヤです。
(3)あれは何ですか。
(4)彼女は先生ですか。
(5)彼ら[彼女たち]は名古屋出身ではありません。

解説 (3)What's 〜? ＝「〜は何ですか」。
(5)They aren't 〜. ＝「彼ら[彼女たち]は〜ではありません」。

ステージ **9** 一般動詞の文
「〜します」

1 次の日本語に合うように，_____ に□から適当な語を入れて，英語を完成させましょう。

(1) 私はスポーツが好きです。 スポーツ＝sport(s)
I **like** sports.
(2) 私たちは走ります。
We **run** .

play like want run

2 次の日本語に合うように，( )内から適当な語を選んで，○で囲みましょう。
(1) あなたはケイコを知っています。 You (know/ are) Keiko.
(2) 私は学校に行きます。 I (am /go) to school. 学校＝school

3 次の日本語に合うように，[ ]内の語句を並べかえて，正しい英語にしましょう。ただし，文頭にくる語も小文字で書いてあります。
(1) 彼らは野球を練習します。 [baseball / they / practice]. 〜を練習する＝practice
They practice baseball
(2) あなたは1台のコンピューターを持っています。 コンピューター＝computer
[have / a computer / you].
You have a computer

4 次の英語を日本語にしましょう。
(1) I want a book.
[私は(1冊の)本がほしいです。]
(2) We teach English.
[私たちは英語を教えます。]

ステージ **10** 一般動詞の否定文
「〜しません」

1 次の日本語に合うように，_____ に□から適当な語を入れて，英語を完成させましょう。

(1) 私はコーヒーを飲みません。 コーヒー＝coffee 〜を飲む＝drink
I **do** not drink coffee.
(2) あなたはパンを食べません。 パン＝bread
You **don't** eat bread.

am do don't not

2 次の日本語に合うように，( )内から適当な語句を選んで，○で囲みましょう。
(1) 私は車を持っていません。 I (am /do) not have a car. 車＝car
(2) 彼らはブラウン先生を知りません。
They (not /do not) know Mr. Brown.

3 次の日本語に合うように，[ ]内の語句を並べかえて，正しい英語にしましょう。ただし，文頭にくる語も小文字で書いてあります。
(1) あなたたちはその部屋を掃除しません。 部屋＝room 〜を掃除する＝clean
[the room / not / you / clean / do].
You do not clean the room .
(2) 彼女たちはボールを使いません。[don't / they / a ball / use]. ボール＝ball
They don't use a ball

4 次の英語を日本語にしましょう。
(1) We do not practice baseball. practice＝〜を練習する
[私たちは野球を練習しません。]
(2) I don't make lunch. make＝〜を作る lunch＝昼食
[私は昼食を作りません。]

ステージ11 一般動詞の疑問文
「〜しますか」

1 次の日本語に合うように，＿＿＿ に□から適当な語を入れて，英語を完成させましょう。

(1) あなたはピアノを演奏しますか。
Do you play the piano?

(2) はい，演奏します。
Yes, I **do** .

| Do Are do am |

2 次の日本語に合うように，（ ）内から適当な語句を選んで，○で囲みましょう。

(1) あなたは生徒ですか。（ **Are** / Do ）you a student? 生徒＝student

(2) あなたは朝食を作りますか。 朝食＝breakfast 〜を作る＝make
（ Are /**Do** ）you make breakfast?

(3) (2)に答えて）いいえ，作りません。 No, I（ am not /**do not** ）.

3 次の英語を，疑問文に書きかえましょう。

(1) You use a dictionary. dictionary＝辞書
Do you **use** a dictionary?

(2) You like Mr. Sato.
Do **you** like Mr. Sato?

4 次の英語を日本語にしましょう。

(1) Do you play basketball? basketball＝バスケットボール
[あなたたちはバスケットボールをしますか。]

(2) (1)に答えて）No, we don't.
[いいえ，しません。]

ステージ12 What do you 〜?
「あなたは何を〜しますか」

1 次の日本語に合うように，＿＿＿ に適当な語を入れて，英語を完成させましょう。

(1) あなたは箱の中に何を持っていますか。 箱＝box
What do you have in the box?

(2) 私はペンを持っています。
I **have** pens.

2 次の日本語に合うように，[ ]内の語を並べかえて，正しい英語にしましょう。ただし，文頭にくる語も小文字で書いてあります。

(1) あなたは夜，何をしますか。[do / do / you / what] at night? 夜＝at night
What do you do at night?

(2) 彼らは日本について何を知っていますか。[know / do / what / they] about Japan?
What do they know about Japan?

3 次の英語を，あとの（ ）内の指示にしたがって書きかえましょう。

(1) Do they teach Japanese? （「何を教えますか」という文に） Japanese＝国語
What do they teach?

(2) I eat oranges. （下線部が答えの中心となる疑問文に） eat＝〜を食べる
What **do** you eat?

4 次の英語を日本語にしましょう。

(1) What do you want?
[あなたは何がほしいですか。]

(2) (1)に答えて）I want an English book.
[私は（1冊の）英語の本がほしいです。]

ステージ13 一般動詞の文（主語が3人称単数）
「彼[彼女]は〜します」

1 次の日本語に合うように，＿＿＿ に□から適当な語を入れて，英語を完成させましょう。

(1) トムはギターを演奏します。
Tom **plays** the guitar.

(2) エミは歌を歌います。 歌＝song
Emi **sings** songs.

| play plays sing sings |

2 次の日本語に合うように，（ ）内の語を必要であれば適当な形にかえて，書きましょう。

(1) ナナは昼食を作ります。 〜を作る＝make
Nana **makes** lunch. （make）

(2) 私たちはプールで泳ぎます。 プール＝pool 泳ぐ＝swim
We **swim** in the pool. （swim）

3 次の英語を，あとの（ ）内の指示にしたがって書きかえましょう。

(1) I go to the library every day. （下線部をHeにかえて） library＝図書館 every day＝毎日
He **goes** to the library every day.

(2) You have a cat. （下線部をMs. Satoにかえて）
Ms. Sato **has** a cat.

4 次の英語を日本語にしましょう。

(1) She likes music.
[彼女は音楽が好きです。]

(2) My brother watches TV at night. TV＝テレビ at night＝夜に
[私の兄[弟]は夜にテレビを見ます。]

ステージ14 一般動詞の否定文（主語が3人称単数）
「彼[彼女]は〜しません」

1 次の日本語に合うように，＿＿＿ に適当な語を入れて，英語を完成させましょう。

(1) コウタはバレーボールをしません。 バレーボール＝volleyball
Kota **does** **not** play volleyball.

(2) 彼はユニフォームを持っていません。 ユニフォーム＝uniform
He **doesn't** have a uniform.

2 次の日本語に合うように，（ ）内から適当な語を選んで，○で囲みましょう。

(1) リサは英語を話しません。 〜を話す＝speak
Lisa（ do /**does** ）not speak English.

(2) 彼はテニスの試合を見ません。 試合＝match
He（ does /**doesn't** ）watch the tennis match.

3 次の日本語に合うように，[ ]内の語句を並べかえて，正しい英語にしましょう。ただし，文頭にくる語も小文字で書いてあります。

(1) 彼女は牛乳がほしくありません。[want / not / she / milk / does]. 牛乳＝milk
She does not want milk .

(2) 私の姉は中国語を勉強しません。 中国語＝Chinese
[Chinese / doesn't / my sister / study].
My sister doesn't study Chinese .

4 次の英語を日本語にしましょう。

(1) She does not play basketball.
[彼女はバスケットボールをしません。]

(2) Mr. Green doesn't cook. cook＝料理をする
[グリーンさん[先生]は料理をしません。]

5

「彼［彼女］は〜しますか」

① 次の日本語に合うように，＿＿＿ に適当な語を入れて，英語を完成させましょう。

(1) 林先生は数学を教えますか。
<u>Does</u> Ms. Hayashi teach math?

(2) はい，教えます。
Yes, she <u>does</u>.

② 次の日本語に合うように，[ ]内の語句を並べかえて，正しい英語にしましょう。ただし，文頭にくる語も小文字で書いてあります。

(1) 彼は柔道を練習しますか。 [practice / he / judo / does]? 〜を練習する＝practice
<u>Does he practice *judo*</u>?

(2) 佐藤先生は音楽が好きですか。 [like / does / music / Mr. Sato]?
<u>Does Mr. Sato like music</u>?

③ 次の英語を，あとの（ ）内の指示にしたがって書きかえましょう。

(1) Do you eat dinner? （主語をheにかえて） dinner＝夕食
<u>Does</u> he eat dinner?

(2) She goes to the station. （疑問文に） station＝駅
<u>Does</u> she <u>go</u> to the station?

④ 次の英語を日本語にしましょう。

(1) Does Shinji use this pen? this＝この
[シンジはこのペンを使いますか。]

(2) （(1)に答えて） No, he doesn't.
[いいえ，使いません。]

---

1 (1) like (2) Do (3) goes (4) doesn't

解説 (1) 主語がIなので，もとの形likeを使う。
(2) 主語がyouなので，Doを使う。
(3) 主語が3人称単数のSheなので，goesを使う。
(4) 主語が3人称単数のHeなので，doesn'tを使う。

2 (1) plays (2) studies (3) Do
(4) don't (5) What

解説 (1) 主語が3人称単数のSheなので，playsにする。
(2) 主語が3人称単数のHeなので，studiesにする。
(3)(4) 主語がyouの一般動詞の疑問文なので，Doを使い，doまたはdo not [don't] を使って答える。Noで答えており，空所が1つなので，don'tを使う。
(5) 「何」はWhatで表す。

3 (1) They do not like music(.)
(2) What do you study(?)
(3) Mr. Brown does not eat *soba*(.)
(4) Does he play the guitar(?)

解説 (2) 「何を〜しますか」は〈What do [does] ＋主語＋一般動詞 〜?〉の語順。
(3) 主語が3人称単数のときの一般動詞の否定文は〈主語＋does not [doesn't] ＋一般動詞 〜.〉の語順。

4 (1) 私たちはテニスをします。
(2) あなた（たち）は英語を教えますか。
(3) 私はペンを（1本も）持っていません。
(4) 彼女はインターネットを使いますか。
(5) あなた（たち）は何をしますか。

解説 (4) 主語が3人称単数のときの一般動詞の疑問文。Does she 〜? ＝「彼女は〜しますか」。
(5) What do you do? ＝「あなた（たち）は何をしますか」。あとのdoは「する」という意味の一般動詞。

ステージ 16 — 冠詞a, anの使い方
ものが1つのときの表し方

① 次の日本語に合うように，＿＿＿に□から適当な語を入れて，英語を完成させましょう。

(1) あれはボールではありません。　ボール＝ball
That's not __a__ ball.

(2) それはリンゴです。　リンゴ＝apple
It's __an__ apple.

| a | the | an | some |

② 次の日本語に合うように，（　）内から適当な語を選んで，○で囲みましょう。

(1) 私はかばんが必要です。 I need (**a**/ an) bag.　～が必要である＝need

(2) ユキはオレンジを持っています。 Yuki has (a /**an**) orange.

③ 次の日本語に合うように，[　]内の語句を並べかえて，正しい英語にしましょう。ただし，不要な語が1語あります。文頭にくる語も小文字で書いてあります。

(1) 彼女はかさを使います。　かさ＝umbrella
[a / umbrella / she / an / uses].
She uses an umbrella .

(2) 田中先生はペンを1本ほしがっています。
[pen / Ms. Tanaka / an / wants / a].
Ms. Tanaka wants a pen .

④ （　）内の語句を用いて，次の日本語を英語にしましょう。

(1) 彼は教師です。 （ teacher ）
He is a teacher.

(2) 私は英語の本を1冊持っています。 （ English book ）
I have an English book.

ステージ 17 — 名詞の複数形
ものが複数のときの表し方

① 次の日本語に合うように，＿＿＿に□から適当な語を入れて，英語を完成させましょう。

(1) 私たちは生徒です。　生徒＝student
We are __students__ .

(2) 私たちは今日，5つの授業があります。　授業＝class
We have five __classes__ today.

| student | students | class | classes |

② 次の日本語に合うように，（　）内の語を適当な形にかえて，書きましょう。

(1) 私は何冊かの本がほしいです。
I want some __books__ . （ book ）

(2) 私にはその部屋の中に3人の女性が見えます。　部屋＝room　～が見える＝see
I see three __women__ in the room. （ woman ）

③ 次の英語を，下線部があとの（　）内の意味になるように，書きかえましょう。

(1) A bus goes to the station from here. （5台の）　station＝駅　here＝ここ
__Five__ __buses__ go to the station from here.

(2) Does she visit a city in summer? （たくさんの）　visit＝～を訪れる　in summer＝夏に
Does she visit __many__ __cities__ in summer?

④ （　）内の語を用いて，次の日本語を英語にしましょう。

(1) 私の父は2台のコンピューターを使います。 （ two ）父＝father　コンピューター＝computer
My father uses two computers.

(2) 何人かの男性が公園でテニスをします。 （ some ）　公園＝park
Some men play tennis in the park.

ステージ 18 — How many ～?
「いくつの～しますか」

① 次の日本語に合うように，＿＿＿に適当な語を入れて，英語を完成させましょう。

(1) あなたはいくつの消しゴムを持っていますか。　消しゴム＝eraser
__How__ __many__ erasers do you have?

(2) 私は3つの消しゴムを持っています。
I have __three__ __erasers__ .

② 次の英語を，下線部が答えの中心となる疑問文に書きかえましょう。

(1) He has two cups.　cup＝カップ
__How__ __many__ cups does he have?

(2) I want five eggs.　egg＝卵
__How__ __many__ __eggs__ do you want?

③ 次の日本語に合うように，[　]内の語を並べかえて，正しい英語にしましょう。ただし，文頭にくる語も小文字で書いてあります。

(1) あなたは何人の先生を知っていますか。
[teachers / many / do / how] you know?
How many teachers do you know?

(2) 彼女は今日，いくつの教科を勉強しますか。　教科＝subject
[many / study / she / how / subjects / does] today?
How many subjects does she study today?

④ 次の英語を日本語にしましょう。

(1) How many pencils do you use?　pencil＝えんぴつ
[あなた（たち）は何本のえんぴつを使いますか。]

(2) How many CDs does your father have?　father＝お父さん
[あなた（たち）のお父さんは何枚のCDを持っていますか。]

ステージ 19 — 冠詞theの使い方
限定されたものの表し方

① 次の日本語に合うように，＿＿＿に□から適当な語を入れて，英語を完成させましょう。

(1) これはかさです。　かさ＝umbrella
This is __an__ umbrella.

(2) 私はそのかさを使います。
I use __the__ umbrella.

| a | an | some | the |

② 次の日本語に合うように，（　）内から適当な語を選んで，○で囲みましょう。

(1) 私は自転車を持っています。私はその自転車を気に入っています。　自転車＝bike
I have a bike. I like (a /**the**) bike.

(2) 彼女はギターを演奏します。 She plays (a /**the**) guitar.

(3) あなたは朝に牛乳を飲みます。　牛乳＝milk　～を飲む＝drink
You drink milk in (an /**the**) morning.

③ 次の日本語に合うように，[　]内の語句を並べかえて，正しい英語にしましょう。ただし，文頭にくる語も小文字で書いてあります。

(1) あれはテーブルです。彼らはそのテーブルを使います。　テーブル＝table
That is a table. [the / use / table / they].
They use the table .

(2) 彼は毎年，アメリカ合衆国に行きますか。　毎年＝every year
[does / he / the U.S.A. / go to] every year?
Does he go to the U.S.A. every year?

④ 次の英語を日本語にしましょう。

I have two bags. I like the bags.
[私は2つのかばんを持っています。私はそのかばんが好きです。]

❶ 次の日本語に合うように，＿＿＿ に□から適当な語を選んで，必要であれば適当な形にかえて，英語を完成させましょう。

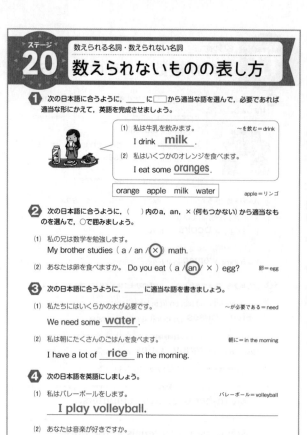

(1) 私は牛乳を飲みます。　　　　　　　～を飲む = drink
I drink ___milk___ .

(2) 私はいくつかのオレンジを食べます。
I eat some __oranges__ .

orange　apple　milk　water　　　apple = リンゴ

❷ 次の日本語に合うように，（　）内のa, an, ×（何もつかない）から適当なものを選んで，○で囲みましょう。

(1) 私の兄は数学を勉強します。
My brother studies (a / an /(×)) math.

(2) あなたは卵を食べますか。 Do you eat (a /(an)/ ×) egg?　卵 = egg

❸ 次の日本語に合うように，＿＿＿ に適当な語を書きましょう。

(1) 私たちにはいくらかの水が必要です。　　　　　～が必要である = need
We need some __water__ .

(2) 私は朝にたくさんのごはんを食べます。　　　朝に = in the morning
I have a lot of ___rice___ in the morning.

❹ 次の日本語を英語にしましょう。

(1) 私はバレーボールをします。　　　　バレーボール = volleyball
　I play volleyball.

(2) あなたは音楽が好きですか。
　Do you like music?

確認テスト　　　③章

1 (1)an　(2)a　(3)the　(4)music

解説 (1)orangeは母音ではじまる名詞なので，前にanを置く。単数形なのでsomeは不可。
(2)sisterは単数形なので，前にaを置く。
(3)〈play + the +楽器名〉=「(楽器)を演奏する」
(4)musicは数えられない名詞なので，前にaやanを置かず，語の末尾にsやesをつけない。

2 (1)a　(2)buses　(3)dogs
(4)four　(5)the

解説 (2)someのあとの数えられる名詞は複数形になるので，busをbusesにする。
(3)(4)How manyのあとの名詞は複数形になるので，dogをdogsにする。How many ～?には，具体的な数を答える。
(5)前に出た名詞について「その～」というときは，名詞の前にtheを置く。

3 (1)Ms. Sato is an English teacher(.)
(2)I have many books(.)
(3)How many T-shirts does he have(?)
(4)We drink a lot of tea(.)

解説 (2)〈many +名詞の複数形〉=「たくさんの～」。
(4)a lot of =「たくさんの」。a lot ofは，teaなどの数えられない名詞の前に置くこともできる。数えられない名詞は複数形にしない。

4 (1)彼女は (1 匹の) ネコを飼っています。
(2)私はいくつかの卵を持っています [食べます]。
(3)あなた (たち) は毎月，何冊の本を読みますか。
(4)私たちは朝 [午前中] に走ります。
(5)私は帽子を (1 つ) 持っています。私はその帽子を気に入っています。

解説 (5)2文目のcapは，1文目のcapと同じものと考えられる。ここでは，theは前に出た名詞をさして「その」という意味で使われている。

「〜しなさい」「〜しましょう」

❶ 次の日本語に合うように，＿＿に□から適当な語を入れて，英語を完成させましょう。

(1) ヒロ，このボールを使いなさい。　この＝this　ボール＝ball

Hiro, _use_ this ball.

(2) 野球を練習しましょう。

Let's _practice_ baseball.

| use　uses　practice　practices | practice＝〜を練習する |

❷ 次の日本語に合うように，（　）内から適当な語を選んで，○で囲みましょう。

(1) その写真を見なさい。　（ **Look** / Looks ）at the picture.

(2) 静かにしなさい。　（ **Be** / Is ）quiet.　静かな＝quiet

(3) バスケットボールをしましょう。（ Please / **Let's** ）play basketball.

❸ 次の英語を，あとの（　）内の意味の文になるように，書きかえましょう。

(1) Eat lunch. （〜してください）

Please _eat_ lunch.

(2) We walk to the park. （〜しましょう）　walk＝歩く　park＝公園

Let's _walk_ to the park.

❹ 次の英語を日本語にしましょう。

(1) Play the guitar.

[ギターを演奏しなさい。]

(2) Speak English, please.　speak＝〜を話す

[英語を話してください。]

「〜してはいけません」

❶ 次の日本語に合うように，＿＿に適当な語を入れて，英語を完成させましょう。

(1) ここで泳いではいけません。　ここで＝here　泳ぐ＝swim

Don't swim here.

(2) ここで走らないでください。

Please don't run here.

❷ 次の英語を，あとの（　）内の指示にしたがって書きかえましょう。

(1) Take a picture. （禁止する文に）　take a picture＝写真を撮る

Don't _take_ a picture.

(2) Use the desk. （ていねいに禁止する文に）　desk＝机

Please _don't_ use the desk.

❸ 次の日本語に合うように，[　]内の語句を並べかえて，正しい英語にしましょう。ただし，文頭にくる語も小文字で書いてあります。

(1) 夜に公園に行ってはいけません。　夜に＝at night　公園＝park

[to / go / the park / don't] at night.

Don't go to the park at night.

(2) 遅れてはいけません。[late / don't / be]．　遅れた＝late

Don't be late

❹ 次の英語を日本語にしましょう。

(1) Don't play baseball now.

[今，野球をしてはいけません。]

(2) Don't sing, please.

[歌わないでください。]

確認テスト　4章

1▶ (1)Use　(2)play　(3)Be　(4)speak

解説 (1)命令文は，動詞のもとの形で文をはじめる。Useを使う。

(2)〈Let's＋動詞（もとの形）〜.〉の語順なので，playを使う。

(3)あとに形容詞があるので，be動詞が必要。命令文なのでBeで文をはじめる。

(4)〈Don't＋動詞（もとの形）〜.〉＝「〜してはいけません」。

2▶ (1)Study　(2)please　(3)Let's　(4)Be　(5)Don't

解説 (2)「〜してください」は〈動詞（もとの形）〜, please.〉か〈Please＋動詞（もとの形）〜.〉で表す。空所の位置とその前の「,」から，前者の形。

(3)「〜しましょう」＝〈Let's＋動詞（もとの形）〜.〉。

(4)carefulは「注意深い」という意味の形容詞なので，「注意しなさい」という命令文はBeではじめる。

3▶ (1)Please buy that bag(.)

(2)Let's go to school(.)

(3)Don't use this pen(, please.)

(4)Don't be late(.)

解説 (1)「〜してください」は〈動詞（もとの形）〜, please.〉か〈Please＋動詞（もとの形）〜.〉で表せるが，語群に「,」がないので，後者の形にする。

(3)「〜しないでください」＝〈Don't＋動詞（もとの形）〜, please.〉。

(4)lateは形容詞なので，「〜してはいけません」という禁止の命令文は，〈Don't＋be 〜.〉の形にする。

4▶ (1)ピアノを演奏しなさい。

(2)英語を勉強してください。

(3)この机を掃除しましょう。

(4)走ってはいけません。

(5)あのリンゴを食べないでください。

解説 (5)〈Please don't＋動詞（もとの形）〜.〉＝「〜しないでください」。

ステージ 23 形容詞の使い方
ものの様子や状態の表し方

1 次の日本語に合うように，＿＿に□から適当な語を入れて，英語を完成させましょう。

(1) あなたの家は新しいです。　　家＝house
Your house is **new**.

(2) それはすてきな家です。
It's a **nice** house.

□ big / nice / new / red

2 次の英語を，あとの（　）内の語をつけ加えて書きかえましょう。

(1) Mr. White is a man. (young)　　young＝若い
Mr. White is a **young** **man**.

(2) This is my cap. (favorite)　　cap＝帽子　favorite＝お気に入りの
This is **my** **favorite** cap.

3 次の日本語に合うように，[　]内の語を並べかえて，正しい英語にしましょう。ただし，文頭にくる語も小文字で書いてあります。

(1) あれは美しい湖です。　　美しい＝beautiful　湖＝lake
[beautiful / is / lake / that / a].
That is a beautiful lake .

(2) あなたのお兄さんは背が高いです。[is / brother / tall / your]. 背が高い＝tall
Your brother is tall
.

4 次の英語を日本語にしましょう。

(1) My bag is black.　　black＝黒色の
[**私のかばんは黒色です。**]

(2) I know a good restaurant.　　restaurant＝レストラン
[**私はよいレストランを知っています。**]

ステージ 24 副詞の使い方
動きの様子や程度の表し方

1 次の日本語に合うように，＿＿に□から適当な語を入れて，英語を完成させましょう。

(1) 私はここで，英語を勉強します。
I study English **here** .

(2) あなたはとても一生懸命に英語を勉強します。
You study English **very** hard.

□ very / now / here / well

2 次の日本語に合うように，＿＿に適当な語を書きましょう。

(1) 彼は上手に泳ぎます。　　泳ぐ＝swim
He swims **well** .

(2) 私の兄はときどきテレビを見ます。　　テレビ＝TV　～を見る＝watch
My brother **sometimes** watches TV.

3 次の英語を，あとの（　）内の語をつけ加えて書きかえましょう。

(1) My desk is old. (very)　　desk＝机　old＝古い
My desk is **very** **old** .

(2) I go to the park. (often)　　park＝公園
I **often** **go** to the park.

4 次の英語を日本語にしましょう。

(1) This cat is so cute.　　this＝この　cute＝かわいい
[**このネコはとてもかわいいです。**]

(2) My mother gets up early.　　mother＝母　get up＝起きる
[**私の母は早く起きます。**]

ステージ 25 前置詞の使い方
場所や日時などの表し方

1 次の日本語に合うように，＿＿に□から適当な語を入れて，英語を完成させましょう。

(1) 私は7時に起きます。　7時＝seven　起きる＝get up
I get up **at** seven.

(2) 私の時計が机の上にあります。　時計＝clock
My clock is **on** the desk.

□ for / on / under / at

2 次の日本語に合うように，（　）内から適当な語を選んで，○で囲みましょう。

(1) 私は水曜日に柔道を練習します。　　～を練習する＝practice
I practice *judo* (**on**/ at) Wednesdays.

(2) 私はかばんの中にCDを持っています。
I have a CD (**in**/ on) my bag.

3 次の日本語に合うように，＿＿に適当な語を書きましょう。

(1) 私たちはクラブで本について話します。　　クラブ＝club　話す＝talk
We talk **about** books in the club.

(2) あなたは冬にスキーをしますか。　　冬＝winter　スキーをする＝ski
Do you ski **in** winter?

4 次の英語を日本語にしましょう。

(1) He studies math after lunch.
[**彼は昼食のあとに数学を勉強します。**]

(2) I go to the station by bike.　　station＝駅　bike＝自転車
[**私は自転車で駅に行きます。**]

ステージ 26 主格の代名詞の使い方
「～は[が]」の表し方

1 次の日本語に合うように，＿＿に適当な語を入れて，英語を完成させましょう。

(1) 私はその歌手が大好きです。
歌手＝singer　～が大好きだ＝love
I love the singer.

(2) 彼女は上手に歌います。　　かのじょ
She sings well.

2 次の英語の下線部を代名詞にかえましょう。

(1) My sister plays the piano.
She plays the piano.

(2) You and Tom are from Australia.　　Australia＝オーストラリア
You are from Australia.

(3) Ayako and I go to the library every Saturday. library＝図書館　Saturday＝土曜日
We go to the library every Saturday.

3 次の日本語に合うように，[　]内の語に1語を加えて並べかえ，正しい英語にしましょう。

(1) 彼は先生です。[a / is / teacher].
He is a teacher
.

(2) それらは私のCDです。[CDs / are / my].
They[Those] are my CDs
.

4 次の英語を日本語にしましょう。

(1) Is it your pen?
[**それはあなた（たち）のペンですか。**]

(2) You are baseball players.　　player＝選手
[**あなたたちは野球選手です。**]

27 「〜の…」の表し方

所有格の代名詞の使い方

1 次の日本語に合うように，＿＿＿ に □ から適当な語を入れて，英語を完成させましょう。

(1) これはあなたのギターですか。
Is this **your** guitar?

(2) いいえ。あれが私のギターです。
No. That is **my** guitar.

your our my her

2 次の英語の（　）内の語を適当な形にかえましょう。

(1) That's (we) dictionary.　dictionary＝辞書　**our**

(2) I like that pen. (It) color is nice.　that＝あの　nice＝すてきな　**Its**

(3) I know (Tom) brother.　**Tom's**

3 次の日本語に合うように，[　]内の語を並べかえて，正しい英語にしましょう。

(1) アキは彼女の部屋にいます。[in / Aki / her / is / room].　部屋＝room
Aki is in her room ．

(2) 私は私の姉のコンピューターを使います。　コンピューター＝computer
[my / use / computer / sister's / I].
I use my sister's computer ．

4 次の英語を日本語にしましょう。

(1) Please come to our school.　come＝来る　school＝学校
[私たちの学校に来てください。]

(2) Their notebooks are on my teacher's desk.　notebook＝ノート　desk＝机
[彼ら[彼女たち]のノートは私の先生の机の上にあります。]

---

28 「〜を[に]」の表し方

目的格の代名詞の使い方

1 次の日本語に合うように，＿＿＿ に □ から適当な語を入れて，英語を完成させましょう。

(1) あちらはトムです。私は彼が好きです。
That's Tom. I like **him** ．

(2) 彼はよく私を手伝ってくれます。　〜を手伝う＝help
He often helps **me** ．

his
him
me
my

2 次の日本語に合うように，＿＿＿ に適当な語を書きましょう。

(1) あなたは彼女に電話しますか。　〜に電話する＝call
Do you call **her** ？

(2) 私は彼らと歩きます。　歩く＝walk
I walk with **them** ．

3 次の日本語に合うように，[　]内の語を並べかえて，正しい英語にしましょう。ただし，不要な語が1語あります。文頭にくる語も小文字で書いてあります。

(1) 私たちにはあなたが必要です。　〜が必要である＝need
[need / we / your / you].
We need you ．

(2) 彼女はそれについて話します。[about / its / she / it / talks]. 話す＝talk
She talks about it ．

4 次の英語を日本語にしましょう。

(1) Do they know us?
[彼ら[彼女たち]は私たちを知っていますか。]

(2) We love it.　love＝〜が大好きだ
[私たちはそれが大好きです。]

---

29 「〜のもの」の表し方

所有代名詞の使い方

1 次の日本語に合うように，＿＿＿ に □ から適当な語を入れて，英語を完成させましょう。

(1) このかばんはあなたのものですか。　この＝this
Is this bag **yours** ？

(2) はい。それは私のものです。
Yes. It's **mine** ．

your
yours
my
mine

2 次の日本語に合うように，＿＿＿ に適当な語を書きましょう。

(1) あの家は彼らのものです。　あの＝That　家＝house
That house is **theirs** ．

(2) このピアノはエミ (Emi) のものですか。— いいえ。それは彼女のものではありません。
Is this piano **Emi's** ？ — No. It's not **hers** ．

3 次の英語の下線部を所有代名詞にかえましょう。

(1) Is that his desk?　desk＝机
Is that desk **his** ？

(2) These are your rooms.　these＝これら　room＝部屋
These rooms are **yours** ．

4 次の下線部の英語を日本語にしましょう。

(1) This isn't my camera. It's my brother's.　camera＝カメラ
[それは私の兄[弟]のものです。]

(2) Their school is old. Ours is new.　school＝学校　old＝古い
[私たちのものは新しいです。]

1 (1)on (2)His (3)by (4)mine

解説 (1)「〜曜日に」というときに使う前置詞はon。
(2)直後に名詞があるので,「〜の…」となるように所有格の代名詞を使う。
(3)「バスで」と交通手段を表す前置詞はby。
(4)mine＝「私のもの」。

2 (1)Your, new (2)They, well
(3)I, him (4)often, her
(5)Our, nice [cool, fine, good]

解説 (1)「あなたの」＝your,「新しい」＝new。
(2)「彼女たちは」＝they,「上手に」＝well。
(3)前置詞withのあとは目的格の代名詞him。
(4)「よく」＝often,「彼女の」＝her。
(5)「私たちの」＝our,「すてきな」＝nice。
「すてきな」＝cool, fine, goodなども可。

3 (1)We sometimes use (this computer.)
(2)Her bag is yellow(.)
(3)Do you like them(?)
(4)This is a good car(.)

解説 (1)「ときどき」＝sometimes。頻度を表す副詞は,ふつう一般動詞の前に置く。
(2)主語の「彼女のかばん」について説明する文なので,〈主語＋be動詞＋形容詞〉の語順。
(3)〈冠詞＋形容詞＋名詞〉の語順。

4 (1)私たちは彼を知っています。
(2)彼女は(彼女の)かばんの中にペンを持っていません。
(3)このTシャツはユウタのものですか。
(4)私は家族と(いっしょに)朝食を食べます。
(5)私は昼食後,ふつうは本を読みます。

解説 (2)in＝「〜の中に」。
(3)〈人名+'s〉＝「〜のもの」。
(4)with＝「〜と(いっしょに)」。
(5)usually＝「ふつうは」。

ステージ **30** When 〜? / Where 〜?
「いつ [どこで] 〜しますか」

1 次の日本語に合うように, ＿＿ に□から適当な語を入れて, 英語を完成させましょう。

(1) あなたはどこで昼食を食べますか。
Where do you eat lunch?
(2) 私は教室でそれを食べます。 教室＝classroom
I eat it **in** the classroom.

When Where on in

2 次の英語を, 下線部が答えの中心となる疑問文に書きかえましょう。
(1) Our school festival is in November. school festival＝文化祭 November＝11月
When is your school festival?
(2) Aki lives in Kyoto.
Where does Aki live?

3 次の日本語に合うように, [ ]内の語を並べかえて, 正しい英語にしましょう。
ただし, 文頭にくる語も小文字で書いてあります。
(1) あなたの家はどこですか。 [is / house / where / your]? 家＝house
Where is your house ?
(2) トムはいつ日本語を勉強しますか。[Tom / when / study / does / Japanese]?
When does Tom study Japanese ?

4 次の英語を日本語にしましょう。
(1) When is her birthday?
[彼女の誕生日はいつですか。]
(2) ((1)に答えて) February 10. February＝2月
[2月10日です。]

ステージ **31** Who 〜? / Whose 〜?
「だれが [だれの] 〜ですか」

1 次の日本語に合うように, ＿＿ に□から適当な語を入れて, 英語を完成させましょう。

(1) こちらの女性はだれですか。
Who is this woman?
(2) 彼女は私の母です。
She's my **mother**.

Who
Whose
mother
mother's

2 次の英語を, 下線部が答えの中心となる疑問文に書きかえましょう。
(1) That girl is Mary.
Who is that girl?
(2) That is Mr. Kato's house. house＝家
Whose house is that?

3 次の日本語に合うように, [ ]内の語を並べかえて, 正しい英語にしましょう。
ただし, 文頭にくる語も小文字で書いてあります。
(1) それらはだれのCDですか。 それら＝those
[CDs / are / whose] those?
Whose CDs are those?
(2) だれがあなたのクラスを教えていますか。 クラス＝class
[teaches / your / who / class]?
Who teaches your class ?

4 次の英語を日本語にしましょう。
(1) Whose car is that? car＝車
[あれはだれの車ですか。]
(2) ((1)に答えて) It's mine.
[それは私の(もの)です。]

32

Which ～?

「どちらが［どちらの］～ですか」

❶ 次の日本語に合うように，＿＿＿ に適当な語を入れて，英語を完成させましょう。

(1) どちらの犬があなたのものですか。
Which dog is yours?
この小さい犬です。　　　小さい＝small
This small dog is.

(2) どちらがあなたの犬ですか。
Which **is** your dog?

❷ 次の日本語に合うように，（ ）内から適当な語句を選んで，○で囲みましょう。

(1) どちらがタクの家ですか。
(What /(Which)) is Taku's house?

(2) どちらの女の子がユキですか。(Who /(Which)) girl is Yuki?

(3) (2)に答えて)こちらの女の子です。(My sister /(This girl)) is.

❸ 次の日本語に合うように，［ ］内の語句を並べかえて，正しい英語にしましょう。ただし，文頭にくる語も小文字で書いてあります。

(1) どちらの男性が田中さんですか。[man / Mr. Tanaka / is / which]?
Which man is Mr. Tanaka ?

(2) あなたはどちらのコンピューターを使いますか。　コンピューター＝computer
[use / do / which / you / computer]?
Which computer do you use ?

❹ 次の英語を日本語にしましょう。

(1) Which is yours, this notebook or that notebook?
[このノートとあのノートでは，どちらがあなたのものですか。]

(2) (1)に答えて)That one is mine.
[あのノートが私の（もの）です。]

33

How old ～? / How long ～? / How much ～?

「どのくらいの～ですか」

❶ 次の日本語に合うように，＿＿＿ に□から適当な語を入れて，英語を完成させましょう。

(1) あの映画はどのくらいの長さですか。　映画＝movie
How **long** is that movie?
2時間です。　　　時間＝hour
Two hours.

(2) それはいくらですか。
How **much** is it?

many	much	old	long

❷ 次の日本語に合うように，（ ）内から適当な語を選んで，○で囲みましょう。

(1) 彼は何歳ですか。(What /(How)) old is he?

(2) 彼らはどのくらい長くテレビを見ますか。
How (much /(long)) do they watch TV?

❸ 次の日本語に合うように，［ ］内の語句を並べかえて，正しい英語にしましょう。ただし，文頭にくる語も小文字で書いてあります。

(1) あの川はどのくらいの長さですか。　　　川＝river
[is / long / that river / how]?
How long is that river ?

(2) あのTシャツはいくらですか。[that / how / T-shirt / much / is]?
How much is that T-shirt ?

❹ 次の英語を日本語にしましょう。

(1) How old is your sister?
[あなた（たち）のお姉さん［妹さん］は何歳ですか。]

(2) (1)に答えて)She is fifteen.
[彼女は15歳です。]

34

How ～?

「どう［どのように］～しますか」

❶ 次の日本語に合うように，＿＿＿ に□から適当な語を入れて，英語を完成させましょう。

(1) 調子はどうですか。
How are you?
(2) 私は元気です。　元気な＝fine
I am **fine** .

| How |
| What |
| sorry |
| fine |

❷ 次の英語を，下線部が答えの中心となる疑問文に書きかえましょう。

(1) Mr. White's class is <u>interesting</u>.　class＝授業　interesting＝興味深い
How is Mr. White's class?

(2) Ken goes to the library <u>by bus</u>.　library＝図書館
How does Ken go to the library?

❸ 次の日本語に合うように，［ ］内の語を並べかえて，正しい英語にしましょう。ただし，文頭にくる語も小文字で書いてあります。

(1) 私のクッキーはどうですか。　　　クッキー＝cookie
[my / are / how / cookies]?
How are my cookies ?

(2) あなたはどのように魚を料理しますか。　魚＝fish　～を料理する＝cook
[do / cook / you / fish / how]?
How do you cook fish ?

❹ 次の英語を日本語にしましょう。

(1) How do you go to school?
[あなた（たち）はどうやって学校に行きますか。]

(2) (1)に答えて)By train.　　　train＝電車
[電車で行きます。［電車でです。］]

35

What time ～? / What day ～?

「何時［何曜日］に～しますか」

❶ 次の日本語に合うように，＿＿＿ に□から適当な語を入れて，英語を完成させましょう。

(1) 何時ですか。
What **time** is it?
(2) 12時です。
It is twelve o'clock.

| time |
| day |
| That |
| It |

❷ 次の英語を，下線部が答えの中心となる疑問文に書きかえましょう。

(1) It is <u>Sunday</u> today.
What **day** is it today?

(2) Yuki eats breakfast <u>at seven</u>.
What **time** does Yuki eat breakfast?

❸ 次の日本語に合うように，［ ］内の語句を並べかえて，正しい英語にしましょう。ただし，文頭にくる語も小文字で書いてあります。

(1) 今日は何月何日ですか。
[the / what / date / is] today?
What is the date today?

(2) 彼らは何時に寝ますか。　　　寝る＝go to bed
[they / go to bed / time / do / what]?
What time do they go to bed ?

❹ 次の英語を日本語にしましょう。

(1) What day do you join the club activity?　join ＝～に参加する　club activity＝クラブ活動
[あなたは何曜日にクラブ活動に参加しますか。]

(2) (1)に答えて)I join it on Tuesday.　　　Tuesday＝火曜日
[私は火曜日にそれに参加します。]

確認テスト 6章

1 (1)When (2)Who (3)old (4)What

[解説] (1)when =「いつ」。時をたずねるときに使う。
(2)who =「だれ」。人の名前や身分をたずねるときに使う。
(3)how old =「何歳」。年齢をたずねるときに使う。
(4)what time =「何時」。時刻をたずねるときに使う。

2 (1)Where (2)Whose (3)Which (4)How (5)day

[解説] (1)where =「どこ」。
(2)〈whose +名詞〉=「だれの〜」。
(3)which =「どちら」。
(4)how =「どう [どのように]」。〈状態〉や〈方法〉,〈手段〉をたずねるときに使う。
(5)what day =「何曜日」。

3 (1)Who is that man(?)
(2)When does she practice basketball(?)
(3)Which dictionary do you use(?)
(4)How does he go to the town(?)

[解説] (2)(4)疑問詞のある,主語が3人称単数のときの一般動詞の疑問文。〈疑問詞+does+主語+動詞(もとの形)〜?〉の語順。
(3)「どちらの辞書」= Which dictionaryのあとに疑問文の語順を続ける。

4 (1)どちらの男の子がケンタですか。
(2)だれがこの本を読みますか。
(3)この腕時計はいくらですか。
(4)彼ら [彼女たち] は日曜日にどこで英語を勉強しますか。
(5)あなた (たち) は何時に寝ますか。

[解説] (1)〈which +名詞〉=「どちらの〜」。
(2)〈Who +一般動詞 〜?〉=「だれが〜しますか」。
(3)how much =「いくら」。
(5)what time =「何時」, go to bed =「寝る」。

ステージ 36 現在進行形の文 「〜しています」

1 次の日本語に合うように, ____ に □ から適当な語を入れて, 英語を完成させましょう。

(1) ヒロはギターを演奏しています。
Hiro is **playing** the guitar.
(2) アキとマリは歌っています。
Aki and Mari **are** singing.

plays
playing
is
are

2 次の日本語に合うように, ( ) 内の語を適当な形にかえて, 書きましょう。
(1) 彼らはテレビを見ています。
They are **watching** TV. (watch)
(2) 彼はプールで泳いでいます。 プール=pool
He is **swimming** in the pool. (swim)

3 次の日本語に合うように, [ ] 内の語句を並べかえて, 正しい英語にしましょう。ただし, 文頭にくる語も小文字で書いてあります。
(1) 私の兄は走っています。
[is / running / my brother].
My brother is running
(2) 彼女は辞書を使っています。 辞書=dictionary
[a dictionary / is / she / using].
She is using a dictionary

4 次の英語を日本語にしましょう。
(1) We are studying Chinese. Chinese=中国語
[**私たちは中国語を勉強しています。**]
(2) He is having breakfast.
[**彼は朝食を食べています。**]

ステージ 37 現在進行形の否定文 「〜していません」

1 次の日本語に合うように, ____ に適当な語を入れて, 英語を完成させましょう。

(1) 彼は走っていません。
He is **not** running.
(2) 彼女は彼と話していません。
She **isn't** talking with him.

2 次の英語を, 否定文に書きかえましょう。
(1) They are practicing kendo.
They **are** **not** practicing kendo.
(2) I'm writing a letter now. letter=手紙
I'm **not** writing a letter now.

3 次の日本語に合うように, [ ] 内の語句を並べかえて, 正しい英語にしましょう。ただし, 文頭にくる語も小文字で書いてあります。
(1) 私たちは夕食を料理していません。 〜を料理する=cook
[not / are / cooking / we / dinner].
We are not cooking dinner
(2) 私の妹はピアノを演奏していません。
[the piano / my sister / playing / isn't].
My sister isn't playing the piano

4 次の英語を日本語にしましょう。
(1) I am not cleaning my room. clean=〜を掃除する room=部屋
[**私は自分の部屋を掃除していません。**]
(2) He isn't taking a picture now.
[**彼は今, 写真を撮っていません。**]

ステージ 38 現在進行形の疑問文 「～していますか」

① 次の日本語に合うように, _____ に適当な語を入れて, 英語を完成させましょう。

(1) あなたは紅茶を飲んでいますか。　紅茶＝tea
Are you drinking tea?

(2) はい，飲んでいます。
Yes, I **am**.

② 次の英語を, あとの（　）内の指示にしたがって書きかえましょう。

(1) Tom is reading a book. （疑問文に）
Is Tom **reading** a book?

(2) Are they dancing? （Noで答える文に）　dance＝踊る
No, **they** **aren't**.

③ 次の日本語に合うように, [　]内の語句を並べかえて, 正しい英語にしましょう。ただし, 文頭にくる語も小文字で書いてあります。

(1) あなたは数学を勉強していますか。
[math / are / studying / you]?
Are you studying math?

(2) 彼女は映画を見ていますか。　映画＝movie
[is / a movie / watching / she]?
Is she watching a movie?

④ 次の英語を日本語にしましょう。

(1) Is your brother speaking English?
[**あなた（たち）のお兄さん[弟さん]は英語を話していますか。**]

(2) （(1)に答えて）Yes, he is.
[**はい，話しています。**]

ステージ 39 疑問詞のある現在進行形の疑問文 「何を～していますか」

① 次の日本語に合うように, _____ に適当な語を入れて, 英語を完成させましょう。

(1) あなたは何を勉強していますか。
What are you **studying**?

(2) 私は数学を勉強しています。
I **am** **studying** math.

② 次の英語を, 下線部が答えの中心となる疑問文に書きかえましょう。

(1) Kenta is drinking milk.　milk＝牛乳
What is Kenta **drinking**?

(2) They are playing tennis in the park.
Where are they **playing** tennis?

③ 次の日本語に合うように, [　]内の語句を並べかえて, 正しい英語にしましょう。ただし, 文頭にくる語も小文字で書いてあります。

(1) あなたは今, 何をしているのですか。
[doing / what / you / are] now?
What are you doing now?

(2) だれが歌を歌っていますか。
[is / a song / singing / who]?
Who is singing a song?

④ 次の英語を日本語にしましょう。

(1) Where is he reading a newspaper?　newspaper＝新聞
[**彼はどこで新聞を読んでいますか。**]

(2) （(1)に答えて）He is reading it in the library.
[**彼は図書館でそれを読んでいます。**]

ステージ 40 canを使った文 「～できます」

① 次の日本語に合うように, _____ に□から適当な語を入れて, 英語を完成させましょう。

(1) 私はピアノが演奏できます。
I **can** play the piano.

(2) メアリーは上手に歌えます。
Mary can **sing** well.

| do |
| can |
| sing |
| sings |

② 次の英語を, あとの（　）内の指示にしたがって書きかえましょう。

(1) You speak Chinese. （「～できます」という文に）　Chinese＝中国語
You **can** **speak** Chinese.

(2) They can play basketball well. （主語をSheにかえて）
She **can** **play** basketball well.

③ 次の日本語に合うように, [　]内の語句を並べかえて, 正しい英語にしましょう。ただし, 文頭にくる語も小文字で書いてあります。

(1) 私たちはこのコンピューターを使えます。　コンピューター＝computer
[this computer / use / we / can].
We can use this computer

(2) トムは上手に踊れます。　踊る＝dance
[can / well / Tom / dance].
Tom can dance well

④ 次の英語を日本語にしましょう。

(1) He can read English.
[**彼は英語を読めます。**]

(2) My father can swim fast.　fast＝速く
[**私の父は速く泳げます。**]

ステージ 41 canを使った否定文・疑問文 「～できません」「～できますか」

① 次の日本語に合うように, _____ に適当な語を入れて, 英語を完成させましょう。

(1) あなたはこの漢字が読めますか。
Can you read this *kanji*?

(2) はい，読めます。
Yes, I **can**.

② 次の英語を, あとの（　）内の意味の文になるように, 書きかえましょう。

(1) My sister can run fast. （～できません）
My sister **cannot** **run** fast.
　　　　　　[can't]

(2) She can cook curry. （～できますか）　curry＝カレー
Can she **cook** curry?

③ 次の日本語に合うように, [　]内の語句を並べかえて, 正しい英語にしましょう。ただし, 文頭にくる語も小文字で書いてあります。

(1) 私はこのカメラが使えません。　カメラ＝camera
[this camera / I / use / cannot].
I cannot use this camera

(2) 彼らは日本語を話せますか。
[they / speak / can / Japanese]?
Can they speak Japanese?

④ 次の英語を日本語にしましょう。

(1) Can your brother play soccer well?
[**あなた（たち）のお兄さん[弟さん]は上手にサッカーができますか。**]

(2) （(1)に答えて）No, he can't.
[**いいえ，できません。**]

「~してもよいですか」「~してくれませんか」

1 次の日本語に合うように，＿＿に□から適当な語を入れて，英語を完成させましょう。

(1) ドアを開けてくれませんか。　ドア＝door
Can you open the door?

(2) もちろん。
Sure .

| Do |
| Can |
| Sure |
| Sorry |

2 次の日本語に合うように，（　）内から適当な語を選んで，○で囲みましょう。

(1) ピアノを演奏してくれませんか。 Can (I /(you)) play the piano?

(2) テレビを見てもよいですか。 — すみませんが，だめです。
Can ((I)/ you) watch TV? — Sorry, (I /(you)) can't.

3 次の日本語に合うように，[　]内の語を並べかえて，正しい英語にしましょう。
ただし，文頭にくる語も小文字で書いてあります。

(1) 昼食を作ってくれませんか。 [can / lunch / make / you]?
Can you make lunch ?

(2) 何かおさがしですか。 [I / help / can / you]?
Can I help you ?

4 次の英語を日本語にしましょう。

(1) Can I eat this apple?　apple＝リンゴ
[このリンゴを食べてもよいですか。]

(2) ((1)に答えて) Yes, of course.
[はい，もちろん。]

 確認テスト **7章**

1 (1)studying (2)speak (3)reading (4)sing

解説 (1)現在進行形の文にする。〈主語＋be動詞＋動詞のing形 ~.〉で，「…は~しています」という意味。
(2)canのあとには，動詞のもとの形を置く。
(3)現在進行形の疑問文にする。〈be動詞＋主語＋動詞のing形 ~?〉で，「…は~していますか」という意味。
(4)「…は~できますか」という意味の疑問文にする。〈Can＋主語＋動詞(もとの形) ~?〉で表す。

2 (1)can play (2)He's listening
(3)Are, making[cooking] (4)is, taking
(5)Can I

解説 (2)現在進行形の文にする。〈主語＋be動詞＋動詞のing形 ~.〉の語順。解答欄の数から，He isは短くした形のHe'sを使う。
(4)〈Where＋be動詞＋主語＋動詞のing形 ~?〉＝「…はどこで~していますか」。
(5)「~してもよいですか」＝Can I ~?。

3 (1)What are they drinking(?)
(2)My sister cannot swim(.)
(3)We are not watching TV (now.)
(4)Can you play baseball with us(?)

解説 (1)〈What＋be動詞＋主語＋動詞のing形 ~?〉の語順。
(3)現在進行形の否定文にする。〈主語＋be動詞＋not＋動詞のing形 ~.〉で表す。
(4)「~してくれませんか」＝Can you ~?

4 (1)あなた(たち)はこのコンピューターを使えます。
(2)彼ら[彼女たち]は今，サッカーを練習していません。
(3)彼女は(彼女の)お母さんを手伝っていますか。
(4)彼は何をしていますか。
(5)あなた(たち)の家に行ってもよいですか。

解説 (4)〈What＋be動詞＋主語＋doing?〉＝「…は何をしていますか」。
(5)〈Can I＋動詞(もとの形) ~?〉＝「~してもよいですか」。

ステージ 43 過去の一般動詞の文 「～しました」

1 次の日本語に合うように，＿＿＿に□から適当な語を入れて，英語を完成させましょう。

(1) 私はカレーを料理しました。 ～を料理する＝cook
I **cooked** curry.

(2) 私はそのカレーを食べました。
I **ate** the curry.

cook　cooked　eat　ate

2 次の日本語に合うように，[　]内の語句を並べかえて，正しい英語にしましょう。ただし，文頭にくる語も小文字で書いてあります。

(1) 私は昨年，北海道を訪れました。
[visited / last / Hokkaido / I] year.
I visited Hokkaido last year.

(2) 彼女は1週間前，図書館に来ました。
[a week / to / she / the library / came] ago.
She came to the library a week ago.

3 次の英語を，あとの(　)内の指示にしたがって書きかえましょう。

(1) Tom studies math. (yesterday をつけ加えて)
Tom **studied** math yesterday.

(2) We go to the park every day. (下線部を last Sunday にかえて)
We **went** to the park last Sunday.

4 次の英語を日本語にしましょう。

(1) We practiced baseball last Saturday. Saturday＝土曜日
[私たちはこの前の土曜日に野球を練習しました。]

(2) He read this book three days ago.
[彼は3日前にこの本を読みました。]

ステージ 44 過去の一般動詞の否定文 「～しませんでした」

1 次の日本語に合うように，＿＿＿に適当な語を入れて，英語を完成させましょう。

(1) 私はえんぴつを買いませんでした。 ～を買う＝buy
I **did** **not** buy a pencil.

(2) 私は消しゴムを買いませんでした。 消しゴム＝eraser
I **didn't** buy an eraser.

2 次の英語を，否定文に書きかえましょう。

(1) She played tennis last week.
She **did** not **play** tennis last week.

(2) My mother made breakfast today.
My mother **didn't** **make** breakfast today.

3 次の日本語に合うように，[　]内の語句を並べかえて，正しい英語にしましょう。ただし，文頭にくる語も小文字で書いてあります。

(1) 彼は昨日，音楽を聞きませんでした。
[music / listen to / he / didn't] yesterday.
He didn't listen to music yesterday.

(2) 彼らは昨夜，歴史を勉強しませんでした。 歴史＝history
[not / they / study / did / last / history] night.
They did not study history last night.

4 次の英語を日本語にしましょう。

(1) I did not clean my room yesterday. clean＝～を掃除する　room＝部屋
[私は昨日，自分の部屋を掃除しませんでした。]

(2) We didn't come here last Wednesday.
[私たちはこの前の水曜日にここへ来ませんでした。]

ステージ 45 過去の一般動詞の疑問文 「～しましたか」

1 次の日本語に合うように，＿＿＿に適当な語を入れて，英語を完成させましょう。

(1) あなたはこのペンを使いましたか。
Did you use this pen?

(2) はい，使いました。
Yes, I **did**.

2 次の英語を，疑問文に書きかえましょう。

(1) Mary lived in Japan last year.
Did Mary live in Japan last year?

(2) He came home early yesterday.
Did he **come** home early yesterday?

3 次の日本語に合うように，[　]内の語句を並べかえて，正しい英語にしましょう。ただし，文頭にくる語も小文字で書いてあります。

(1) 彼は1週間前にその映画を見ましたか。
[see / he / a week / did / the movie] ago?
Did he see the movie a week ago?

(2) あなたはこの前の金曜日にこの本を読みましたか。
[this book / read / last / you / did] Friday?
Did you read this book last Friday?

4 次の英語を日本語にしましょう。

(1) Did she get up at five yesterday?
[彼女は昨日，5時に起きましたか。]

(2) ((1)に答えて) No, she did not.
[いいえ，起きませんでした。]

ステージ 46 疑問詞のある過去の一般動詞の疑問文 「何を～しましたか」

1 次の日本語に合うように，＿＿＿に適当な語を入れて，英語を完成させましょう。

(1) あなたは何を作りましたか。
What **did** you make?

(2) 私は人形を作りました。 人形＝doll
I **made** a doll.

2 次の英語を，下線部が答えの中心となる疑問文に書きかえましょう。

(1) Masao visited China last summer. China＝中国
When **did** Masao visit China?

(2) They studied math in the library.
Where did they **study** math?

3 次の日本語に合うように，[　]内の語句を並べかえて，正しい英語にしましょう。ただし，文頭にくる語も小文字で書いてあります。

(1) だれが昨日，あなたを手伝いましたか。
[helped / you / who] yesterday?
Who helped you yesterday?

(2) あなたのお母さんは何を料理しましたか。 ～を料理する＝cook
[cook / your mother / what / did]?
What did your mother cook ?

4 次の英語を日本語にしましょう。

(1) Where did you buy this bag? buy＝～を買う
[あなたはどこでこのかばんを買いましたか。]

(2) ((1)に答えて) I bought it in Kyoto. bought＝～を買った
[私はそれを京都で買いました。]

1 (1)played　(2)go　(3)did　(4)did

解説　(2)過去の一般動詞の疑問文は〈Did＋主語＋一般動詞 (もとの形) ～?〉で表す。

(3)過去の一般動詞の否定文。〈did not＋一般動詞 (もとの形)〉を使う。

(4)〈Where＋did＋主語＋一般動詞 (もとの形) ～?〉=「…はどこで～しましたか」。

2 (1)tried, last　(2)Did, watch [see]
(3)I did　(4)did not　(5)did, do

解説　(1)tryの過去形はyをiにかえてedをつけ、triedとする。

(2)過去の一般動詞の疑問文にする。

(3)Did ～?にはdidを使って答える。

(4)過去の一般動詞の否定文にする。

(5)〈What＋did＋主語＋一般動詞 (もとの形) ～?〉の文にする。動詞は「する」という意味のdoを使う。

3 (1)What did Taro eat at (the restaurant?)

(2)She didn't like the song(.)

(3)Did they live in Japan last (year?)

(4)A new teacher came to our school(.)

解説　(2)didn'tは、did notを短くした形。

(3)過去の一般動詞の疑問文の語順。

(4)主語は「新しい先生」a new teacher。「～に来た」はcame to ～で表す。

4 (1)彼ら[彼女たち]はこの前の日曜日、その歌を練習しました。

(2)私はその授業で日本語を話しませんでした。

(3)あなた (たち) は昨日、写真を撮りましたか。

(4)彼はこの前の夏、沖縄へ行きました。

(5)だれが私の辞書を使いましたか。

解説　(2)過去の一般動詞の否定文。

(3)過去の一般動詞の疑問文。

(4)wentはgoの過去形。

(5)〈Who＋一般動詞の過去形 ～?〉=「だれが～しましたか」。

47「〜でした」「〜していました」

❶ 次の日本語に合うように，____ に □ から適当な語を入れて，英語を完成させましょう。

(1) 私たちは私の部屋にいました。
We **were** in my room.

(2) このゲームはおもしろかったです。
This game **was** interesting.

| are | was | were | is |

❷ 次の日本語に合うように，____ に適当な語を書きましょう。

(1) 私たちは今朝9時にテニスをしていました。
We **were playing** tennis at nine this morning.

(2) マサキはそのとき，このコンピューターを使っていました。
Masaki **was using** this computer then.

❸ 次の日本語に合うように，[ ] 内の語句を並べかえて，正しい英語にしましょう。ただし，文頭にくる語も小文字で書いてあります。

(1) リサとマイクは教室にいませんでした。
[not / the classroom / were / in / Lisa and Mike].
Lisa and Mike were not in the classroom.

(2) 彼は13歳でしたか。
[years / he / was / old / thirteen]?
Was he thirteen years old ?

❹ 次の英語を日本語にしましょう。

(1) He was playing the guitar then.
[彼はそのときギターを演奏していました。]

(2) My pens were not on the desk.
[私のペンは机の上にありませんでした。]

48「〜に見えます」「…に〜があります」

❶ 次の日本語に合うように，____ に □ から適当な語を入れて，英語を完成させましょう。

(1) あなたは疲れているように見えます。
You **look** tired.

(2) あの机はとても重そうに見えます。　重い＝heavy
That desk **looks** very heavy.

| look | looking | looks | looked |

❷ 次の日本語に合うように，____ に適当な語を書きましょう。

(1) 机の上に1本のペンがあります。
There **is** a pen **on** the desk.

(2) 公園にたくさんの子どもたちがいます。　子どもたち＝children
There **are** many children **in** the park.

❸ 次の日本語に合うように，[ ] 内の語句を並べかえて，正しい英語にしましょう。ただし，文頭にくる語も小文字で書いてあります。

(1) 私の家の近くにスーパーマーケットがあります。
[my / a supermarket / is / house / near / there].
There is a supermarket near my house

(2) 窓のそばにいくつかの植物があります。　植物＝plant
[some / the window / are / by / there / plants].
There are some plants by the window

❹ ( ) 内の語を用いて，次の日本語を英語にしましょう。

(1) あの建物は美しく見えます。(building)
That building looks beautiful.

(2) あなたは今，わくわくしているように見えます。(excited)
You look excited now.

確認テスト　9章

❶ (1)was　(2)were　(3)was　(4)Were

解説　(1)yesterday＝「昨日」からisの過去形wasを選ぶ。
(2)be動詞が必要。areの過去形wereを選ぶ。
(3)動詞のing形があるので，過去進行形の文。
(4)主語が複数の過去進行形の疑問文。be動詞wereを主語の前に置く。

❷ (1)looks interesting　(2)look surprised
(3)There are　(4)is, on　(5)is, under

解説　(1)「〜に見えます」＝〈look＋形容詞〉。主語がThis bookなので，3人称単数のlooksになる。
(3)「〜があります」＝There is[are] 〜。後ろに複数形の名詞が続くので，areを使う。
(4)後ろに単数形の名詞が続くので，isを使う。「〜の上に」＝on。
(5)「〜の下に」＝under。

❸ (1)They were not in the library(.)
(2)Were you talking with Yuki(?)
(3)My teacher looked very angry then(.)
(4)There are some students in the classroom(.)

解説　(1)be動詞のあとにnotを置く。
(2)be動詞の過去形を主語の前に置く。
(3)〈look＋形容詞〉の語順。very「とても」は副詞で，形容詞angry「怒っている」の前に置く。
(4)There areのあとに複数形の名詞を続ける。場所を表す語句は文末に置く。

❹ (1)私の両親は昨日，家にいました。
(2)あなた(たち)のお父さんは野球選手でしたか。
(3)私は音楽を聞いていませんでした。
(4)この問題は私たちにとっては難しそうに見えます。
(5)この都市にはたくさんの建物があります。

解説　(1)be動詞の過去形wereから過去の文。
(2)Wasではじまっているので，過去の疑問文。
(3)過去進行形の否定文。
(4)〈look＋形容詞〉＝「〜に見えます」。
(5)〈There are 〜〉＝「〜があります」の文。

③